Christoph Zehendner / Susanne Ospelkaus

Wo Zukunft wachsen kann

Christoph Zehendner
& Susanne Ospelkaus

Wo Zukunft wachsen kann

Von der schiefen Bahn in ein neues Leben

Geschichten von Versöhnung und Neuanfang

adeo

Inhalt

Vorwort

Herzlich willkommen im Seehaus! In dieser außergewöhnlichen Einrichtung wird Geschichte geschrieben. Seit 20 Jahren schon. Auf einem historischen Gut bei Leonberg leben, lernen und arbeiten junge Männer, die mit dem Gesetz in Konflikt gekommen sind und zu einer Haftstrafe verurteilt wurden. Statt ihre Zeit im Jugendknast nur „abzusitzen“, wollen sie hier im Seehaus echte Hilfestellung zu einem Leben ohne Kriminalität annehmen.

Dazu lassen sie sich auf einen durchgetakteten Tagesablauf ein. Vom Joggen um 5:45 Uhr über Schulunterricht, Ausbildung, Training, Gesprächsrunden und gemeinsamen Mahlzeiten bis hin zur fest vereinbarten Nachtruhe. Ein ehrgeiziges pädagogisches Konzept, die Erfahrung vieler Fachleute und das persönliche Engagement von Mitarbeiterinnen und Mitarbeitern prägen die besondere Atmosphäre im Seehaus.

In diesem Buch lernen Sie Männer kennen, die nach der Zeit „drinnen“ ihr Leben „draußen“ neu angepackt und ausgerichtet haben. Wir stellen Ihnen Menschen vor, die sich für die Seehaus-„Jungs“ einsetzen und dabei selbst erstaunliche Erfahrungen machen.

Außerdem bekommen Persönlichkeiten eine Stimme, die sich oft ungehört und übersehen fühlen: die Opfer von

Kriminalität, Gewalt und Betrug. Im Seehaus-Programm „Opfer und Täter im Gespräch“ haben Verbrechensopfer die Möglichkeit, Täter zu konfrontieren und ihre drängenden Fragen loszuwerden – ein heilsamer Prozess für beide Seiten. Hier beginnt so manche Hoffnungsgeschichte und so manche Versöhnung mit der eigenen Biografie.

Versöhnung ist möglich. Ein Neuanfang kann gelingen. Diese gewaltige Zukunftsbotschaft sendet das Seehaus aus.

Lassen Sie sich von dieser Botschaft berühren.

Susanne Ospelkaus und Christoph Zehendner

PS: Die Lebensgeschichten, die wir hier für Sie aufgeschrieben haben, sind alle wahr. In wenigen Fällen haben wir zum Schutz der Betroffenen die Namen der Protagonisten und einige wenige Fakten verändert.

PPS: Einige Geschichten berühren sensible Themen wie körperliche, häusliche oder sexualisierte Gewalt.

1.

Die Nacht, die alles verändert

Seit dieser Nacht ist nichts mehr, wie es vorher war. Diese Nacht kann Marc nicht ungeschehen machen. Diese Nacht hat sein Leben tiefgreifend verändert. Bis heute. Obwohl sie doch schon elf Jahre zurückliegt.

Ein junger Mann verlor damals sein Leben. In einer lauen Sommernacht. In einer Bar, in der Marc sich bis dahin sehr wohlgefühlt hatte. Durch einen tragischen Unfall. Durch eine Kette von Missverständnissen und unfassbar schwerwiegenden Zufällen. Marc war unglücklicherweise mittendrin. Mitverantwortlich. Teilweise schuldig. Und in gewissem Sinne endete in dieser Sommernacht auch sein Leben. Denn Marc hatte ein Messer dabei. Und bei einem Gerangel fiel das Opfer so unglücklich in dieses Messer, dass es verblutete.

Als Marc mir diese Geschichte erzählt, spüre ich, wie sehr ihn die schrecklichen Ereignisse dieser Nacht bis heute beschäftigen. Er redet Klartext. Drückt sich nicht herum um die Frage von Schuld und Verantwortung. Und ist doch auch immer noch fassungslos angesichts dessen, was damals passierte und was sein gesamtes Leben erschütterte.

Marc heißt eigentlich anders. Doch ihm ist es wichtig, dass er seine Geschichte offen erzählen kann. Ohne Furcht davor, nur auf die Geschehnisse dieser Nacht reduziert zu werden.

Nennen wir ihn also Marc. Sagen wir: Er stammt aus einer kleinen Stadt in Oberschwaben. Sein Vater kümmert sich allein um die Erziehung. Er hat eine gut gehende Schreinerei, auch seine Großeltern und die gesamte Familie stehen beruflich und finanziell gut da.

„Ich stamme aus gutem Haus", versichert mir Marc und hört sich dabei ein wenig stolz an. Er wächst als Teil einer funktionierenden Großfamilie auf. Zusammen mit etlichen Cousins und Cousinen trifft er sich regelmäßig zum Essen bei der Großmutter. Man gehört zusammen. Und hält auch zusammen.

In der Grundschule läuft alles bestens für Marc. Auch auf der weiterführenden Schule kommt er gut klar. Aber als die Pubertät einsetzt, wird ihm sein bisheriges braves, bürgerliches Leben zu langweilig. Zusammen mit einigen Klassenkameraden probiert er den ersten Joint. Bis spät in die Nacht hängt die Clique auf Spielplätzen herum.

„Wir haben gemeinsam Mist gemacht", erzählt Marc über diese Zeit. Zu den Joints kamen der Alkohol, dann Drogen wie Speed und Ecstasy. Nie übermäßig viel. Nie so, dass Marc abhängig wird. Aber doch so, dass ihn dieses zweite Leben neben seiner bürgerlichen Existenz immer mehr gefangen nimmt.

„Das Verhältnis zu meinem Vater und zu den Großeltern war immer gut", betont Marc. „Wenn ich um 22:00 Uhr zu

Hause sein musste, dann war ich pünktlich da. Anschließend aber bin ich dann heimlich über den Balkon abgehauen und habe mich wieder mit meinen Kumpels getroffen."

Darunter hat bald die Schule zu leiden. Die Leistungen werden immer schlechter. Alles andere scheint für Marc spannender zu sein als Mathe, Deutsch oder Geografie. Sein Vater zieht schließlich die Reißleine und schickt Marc auf ein Internat. Doch auch dort tut er sich mit Jungs in seinem Alter zusammen, die mit Alkohol, Drogen und gelegentlichen Schlägereien kleine Fluchten aus dem Alltag suchen. Nur mit Ach und Krach schafft er die mittlere Reife.

Erst beim Blick zurück begreift Marc, dass er sich damals zu viel mit Leuten herumtrieb, die einen schlechten Einfluss auf ihn hatten. Und auch Alkohol und Drogen beeinflussten ihn und sein Denken und Handeln viel mehr, als ihm das damals bewusst war.

Und so kommt es zu der folgenschweren Nacht, in der ein Mensch das Leben verliert. Und in der auch das Leben von Marc zerstört wird. Beinahe jedenfalls.

Marc beschreibt die panische Stimmung, in der er sich damals unter dem Einfluss vieler Drogen befand. Zwischen ihm und einem flüchtigen Bekannten herrschen eine Reihe von Missverständnissen. Am Telefon bedroht man sich gegenseitig. Der Konflikt schraubt sich immer höher. Weil er sich in Panik hineinsteigert, trägt Marc jetzt ein Messer bei sich, „zum Selbstschutz", wie er sich einredet. Als Marc den Widersacher dann zufällig in der Bar trifft, die er regelmäßig aufsucht, kommt es zum Eklat. Die beiden schreien sich an. Gehen aufeinander los. Beide haben kräftig Alkohol und Drogen im Blut. Sind entsprechend reizbar und unbeherrscht. Dann ein Gerangel. Ein Sturz. Und diese unglückselige Verkettung von absolut idiotischen „Zufällen". Am Ende liegt der „Gegner" in seinem Blut. Und Marc wird von schwerbewaffneten Polizisten abgeführt.

Die erste Nacht in einer Gefängniszelle ist der blanke Horror für ihn. Er weiß nur, dass sein Bekannter nicht mehr lebt. Wie genau das passiert ist, welchen Anteil an Schuld er zu tragen hat – Marc hat keine Ahnung.

Polizei und Staatsanwaltschaft brauchen Monate, um diese Fragen durch Zeugenaussagen und Gutachten zu klären. Marc sitzt in der Zeit in Stuttgart-Stammheim im Gefängnis. Und fühlt sich so, als sei sein bisheriges Leben zu Ende. „Ein Teil meiner Seele ist damals gestorben", seufzt Marc in der Rückschau.

Jetzt im Gefängnis ist nichts als Leere in seinem Kopf und in seinem Herzen. Er kämpft mit Schuldgefühlen. Denkt darüber nach, auch seinem Leben ein Ende zu setzen. Lernt aber in Gesprächen mit Psychologen ganz allmählich, die Situation erst einmal so anzunehmen, wie sie ist.

Fast zehn Monate dauert seine Untersuchungshaft. Schon hier bekommt er ersten Kontakt zu Mitarbeiterinnen und Mitarbeitern des Seehauses. Was sie anbieten, ist genau das, was er braucht: Gemeinschaft, Gespräche, Spiele. Er fasst Vertrauen zu den Menschen, die sich da um ihn kümmern. Und dann auch wieder etwas Vertrauen zu sich selbst.

„Wenn ich schon im Gefängnis sein muss, dann will ich diese Zeit wenigstens gut nutzen", nimmt er sich vor. Sein konkretes Ziel: Er möchte sobald es geht ins Seehaus wechseln.

Doch erst muss er den Prozess und das Urteil abwarten. Das fällt erstaunlich milde aus: drei Jahre und sechs Monate Haft. Wegen „Körperverletzung mit Todesfolge". Das Gericht berücksichtigt die Tatsache, dass Marc nicht „vorsätzlich", also nicht mit Absicht, getötet hat.

Marc ist erleichtert, trotz der Haftjahre, die nun noch vor ihm liegen. Noch mehr Erleichterung empfindet er, als er wenige Wochen nach dem Urteil aus der Jugendstrafanstalt in Adelsheim ins Seehaus nach Leonberg umziehen kann.

Vom ersten Tag an kommt er dort gut zurecht. Ein „Buddy" wird ihm zur Seite gestellt, also ein Gefangener mit Seehaus-Erfahrung, der ihm genau vorlebt, wie Marc sich hier zu verhalten hat. Der geregelte Tagesablauf tut Marc gut. Die strengen Regeln kann er akzeptieren. Und bald auch umsetzen. Nach wenigen Wochen ist er ganz und gar im Seehaus angekommen.

Dabei hilft es ihm, dass er hier nicht wegen seines Vergehens abgeurteilt, sondern als Mensch gesehen wird. „Ich spürte, dass ich im Seehaus geschätzt wurde. Endlich war ich in den Augen anderer Menschen wieder etwas wert", berichtet Marc gerührt.

Schon nach wenigen Monaten hat er sich in der Hierarchie der Seehaus-Jungs „nach oben" gearbeitet. Er übernimmt Verantwortung, wird zum Sprecher der Gruppe und genießt immer mehr Freiheiten. Sein erstes Ausbildungsjahr als Zimmermann schließt er innerhalb des Seehauses gut ab. Doch im Hintergrund verfolgt er ein noch größeres Ziel: Er strebt eine Ausbildung außerhalb des Seehauses an, in einem Metallbetrieb. Dessen Chef ist bereit, mit dem Seehaus zusammenzuarbeiten und den „Jungs" dort eine Chance zu geben. Tatsächlich schafft Marc es mit seiner Bewerbung, die Firma zu überzeugen. Gegen Ende seiner Seehaus-Zeit kann er mit seiner Ausbildung im Bereich Maschinenbau beginnen.

Dazu zieht er in eine „Nachsorge-WG" des Seehauses. In solchen Wohngemeinschaften leben Seehaus-Absolventen, die „Alumni", nach der Entlassung mit Mitarbeiterinnen und Mitarbeitern zusammen. Eine gute Begleitung auf dem Weg zurück in den Alltag. Ein Schutz gegen ein rasches Zurückgleiten in alte Gewohnheiten und alte Probleme.

Marc kniet sich in seine Ausbildung hinein. Parallel hält er intensiven Kontakt zum Seehaus und hilft dort ehrenamtlich mit. Er begleitet Seehaus-Jungs, die jetzt vor den gleichen Herausforderungen stehen wie er noch vor kurzer Zeit selbst.

Heute, gut zehn Jahre später, steht Marc mit beiden Beinen im Leben. Nach der Ausbildung ist er vom Betrieb übernommen worden. Nach einigen Jahren hat er sich zum Techniker weitergebildet. Die letzten Jahre hat er als Planungsingenieur gearbeitet. Seine Spezialität: die Planung von Anlagen für die Automobilindustrie, für Konzerne wie für Mittelständler. Ganz besonders reizt ihn dabei das Thema E-Mobilität.

Marc hat für jedes Projekt große Summen an Geld zu verwalten. Sein Chef hat ihm viel Verantwortung übertragen. Und ganz nebenbei kümmert sich Marc einige Jahre lang um einen weiteren Seehaus-Alumnus, der die gleiche Ausbildung macht wie er selbst einst. Ihn unterstützt Marc so lange, bis dieser die Abschlussprüfung mit Erfolg abgelegt hat.

Nach zehn Jahren in der Firma zieht Marc jetzt weiter. Er will in einem anderen Unternehmen weiter vorankommen. Möchte dazulernen, die eigenen Grenzen erweitern und Karriere machen.

Auch privat läuft es bestens bei Marc, der heute 28 Jahre alt ist. Seit mehr als drei Jahren ist er mit seiner Freundin zusammen. Die beiden beginnen, sich über die Gründung einer Familie Gedanken zu machen.

Mit Gott und seiner Realität hat Marc sich im Seehaus viel beschäftigt. Seine Taufe und Firmung waren eher spurlos an ihm vorbeigegangen. Die konsequente und offene Art, wie der Glaube im Seehaus gelebt wurde, die beeindruckte ihn jedoch.

„Ich habe dem Glauben eine Chance gegeben und bin bis heute offen dafür", sagt Marc. Den „direkten Draht" aber habe er verloren. Der Glaube an Gott sei halt kein Gesprächsthema, wenn er mit seinen heutigen Freunden zusammensitzt oder zum Klettern unterwegs ist.

„Wo wärst du heute ohne das Seehaus?", frage ich Marc. Und erschrecke fast ein wenig, wie glasklar seine Antwort ausfällt: „Ohne das Seehaus würde es mein jetziges Leben nicht geben", verkündet er. „Schon im Gefängnis haben mich Mitarbeiter begleitet. Ich wurde so oft aufgefangen. Ganz besonders wichtig war für mich auch die Unterstützung in der Nachsorge."

Und dann berichtet mir Marc noch ohne Scheu davon, dass er die Hilfe des Seehauses auch nach seiner Entlassung noch dringend brauchte. Tatsächlich sei er zweimal fast erneut straffällig geworden. Weil er da zu viel mit anderen

„ehemaligen Häftlingen“ abhing. Weil Alkohol, Drogen, Angeberei doch wieder eine Rolle spielten.

An diesem Punkt des Gesprächs wird Marc plötzlich überraschend ernst. Er wolle mir noch etwas erzählen, was ich ja vielleicht für das Buch nicht wissen müsste, stammelt er herum. Und berührt mich dann sehr mit dem, was er nachzutragen hat:

Eines Nachts um drei Uhr morgens habe er mit einem anderen Seehaus-Alumnus auf einem Parkplatz gestanden. Beide hätten bemerkt: Wir müssen aufpassen, dass wir nicht unsere Bewährung verspielen. Dass wir uns auf keinen Fall in die falsche Richtung entwickeln und irgendwie rückfällig werden. Marc wurde bei diesem Gespräch schier übermannt von depressiven Gedanken und Gefühlen.

Ohne lange zu überlegen, habe er Tobias Merckle angerufen, den – so Marc – „Chef des Seehauses“. Der habe abgenommen. Nicht lange gefragt. Sei sofort gekommen. Habe sich zu den Jungs auf den Parkplatz gestellt. Habe ihnen zugehört. Sie ernstgenommen. Sie bei anstehenden Fragen beraten.

„Tobias hat mit uns gesprochen, bis die Sonne aufgegangen ist“, meint Marc und kann so viel Unterstützung kaum fassen. Was auch immer Tobias Merckle den Alumni damals auf dem Parkplatz mitgab: Seine Botschaft scheint im Herzen von Marc angekommen zu sein.

Wie hat Marc es doch so schön formuliert: „Ohne das Seehaus würde es mein jetziges Leben nicht geben.“

2.

Sie nimmt die Dinge, wie sie kommen

Mäusealarm! Irmela schlägt mit einem Schlappen nach den Mäusen, die flitzen über den Boden, schlüpfen neben Scheuerleisten ins Mauerwerk oder huschen die Balken des alten Fachwerkhauses hoch. Da hocken sie und blicken auf den Esstisch von Irmela und Daniel. Sie sind nicht grundlos im Herrschaftsgebiet der Mäuse. Die beiden sind die ersten Hauseltern im Seehaus.

Im September 2003 ziehen sie in das baufällige Gehöft am Glemseck bei Leonberg. Der ehemalige Besitzer wohnt noch und die Abrells wohnen schon dort. Alles ist im Umbau und Wechsel. Die kleinen Nager sind hartnäckige Hausbewohner.

Das Seehaus hat das Grundstück erworben, um straffällig gewordenen Jugendlichen einen Ort zu geben, an dem ihre Haftzeit zu einer wahren Chance für das Leben werden kann. *Wahr.Haft.Leben.* ist das Motto der Seehaus-Arbeit. Die jungen Menschen sollen lernen, das Leben zu gestalten. Um im Miteinander zu wachsen, braucht es Ermutigung, Vorbild, Rückhalt, Routine, Nähe und Strukturen. Es braucht Eltern!

Irmela und Daniel wollten schon immer in einer Gemeinschaft leben. Während seines Zivildienstes arbeitet Daniel in Spanien mit drogenabhängigen Männern. Er entdeckt, wie Menschen mit gebrochenen Biografien in einer Lebensgemeinschaft Halt finden.

Beide wachsen in einem gastfreundlichen und aufgeschlossenen Elternhaus auf. Es ist ein Kommen und Gehen und für Irmela ist klar: Sie wünscht sich einen Alltag mit dieser Lebendigkeit. Sie studiert Sozialpädagogik, absolviert ein Auslandssemester und nimmt dann eine Stellung in der Justizvollzugsanstalt Ravensburg an.

Der Wunsch, Leben zu teilen, reift in beiden. Sie tauschen sich mit Gleichgesinnten aus, doch gemeinsame Pläne zerschlagen sich. Dann hören sie, dass Tobias Merckle Hauseltern für das neue Projekt bei Leonberg sucht. Im Juli 2003 bewerben sie sich auf die Stelle und im September ziehen sie ein. Gemeinsam mit Tobias Merckle, Mitarbeitern der Ausbildungsbetriebe und einem Hausmeister bereiten sie sich auf die Ankunft von verurteilten Jugendlichen vor. Die ersten drei „Jungs“ kommen im November und Dezember. Im neuen Jahr kommen dann drei weitere dazu.

Stück für Stück verwandelt sich das Gehöft. Es wird umgebaut, modernisiert und Platz geschaffen. Räume entstehen für den Unterricht und Werkstätten für die Ausbildungsberufe wie Schlosser, Zimmermann, Tischler oder Gartenbau. Jeder Jugendliche soll die Gelegenheit haben, mit einer Ausbildung zu beginnen.

Der Tagesablauf ist geprägt von festen Zeiten, Überwachung und Regeln, aber auch von elterlicher Fürsorge und familiären Momenten: Weihnachten und Ostern würdigen, einen Geburtstag feiern oder einfach am Sonntagnachmittag spazieren gehen.

Die Lebensgemeinschaft wächst auch auf ganz natürliche Weise. 2004 wird Irmelas und Daniels Tochter Edith geboren. Das Baby ist mittendrin, hat große Brüder und wird oft von einer FSJlerin betreut. Irmela nimmt die Dinge, wie sie kommen. Sie handelt intuitiv, wenn es um die Bedürfnisse ihrer Tochter geht. Sie handelt praktisch, wenn es Entscheidungen braucht. Sie handelt. Auch das ist sie von ihrem Elternhaus gewohnt: aktiv sein und Arbeit als etwas Positives wahrzunehmen. Gartenarbeit ist für Irmela keine Arbeit, sondern Ausgleich, Erholung und Wohltat.

Die Familie liebt es, draußen zu sein und wandern zu gehen. Wenn Irmela und Daniel losziehen, sind die Jungs dabei. Losziehen und mitziehen und ausziehen. Bis zu zwei Jahre leben bis zu acht Jungs in der Wohngemeinschaft, und viele schaffen es, danach in ein geregeltes Leben zu ziehen.

Ob sie sich jemals Sorgen gemacht hätte, dass die Umgebung ein Nachteil für ihr Kind sei? Nein! Erst in einer Krabbelgruppe wird ihr überhaupt bewusst, dass sich andere Mütter diese Frage stellen.

Wenn Edith von der FSJlerin betreut wird, kann Irmela in die JVA nach Adelsheim fahren, um dort zu arbeiten. Braucht sie für einen kurzen Moment eine Aufsicht für ihre Tochter, erlaubt sie auch den Jungs, nach dem Baby zu schauen. Das Kind weckt in den Jungs etwas, das viele Gesprächsstunden oft nicht hervorrufen: Fürsorge, Mitgefühl, Zuneigung.

Wenn die Eltern spüren, dass die Nähe für Edith zu viel wird, greifen sie ein. Das Baby ist eine echte Motivation. Tim, einer der Jungs, will unbedingt die Kleine in seinen Arm nehmen, aber weil er raucht, erlaubt es ihm Irmela nicht. Edith soll nicht den Gestank von kaltem Rauch einatmen. Tim verzichtet daraufhin auf seine Zigaretten und wehrt sich gegen den Drang, rauchen zu müssen, bis er endlich die Kleine im Arm wiegen kann.

2006 wird Sophie geboren. An vielen Stunden des Tages sind die Jungs unterwegs. Sie lernen, sind im Ausbildungsbetrieb oder im Praktikum. Zu diesen Zeiten kommen häufig Freunde der Kinder zu Besuch. Die Schwestern bleiben außerdem nicht die einzigen Kinder auf dem Hof. Es werden weitere Wohngemeinschaften gegründet und neue Hauseltern ziehen mit ihren Kindern ein. Der kindliche Freundeskreis wächst.

Letztendlich finden drei Familien ihr Zuhause auf Zeit im Seehaus. Die Kinder werden älter und Irmela will ihre Töchter in einen Waldkindergarten schicken. Doch es gibt keinen in der Nähe und die Fahrt zu einem anderen ist viel zu aufwendig. Wer fährt? Wer betreut in der Zeit die Jungs? Wer holt ab?

Und wieder einmal nimmt Irmela die Dinge, wie sie kommen. Wenn es keinen Kindergarten gibt, wird sie einen gründen! Die Stadt Leonberg muss weitere Betreuungsplätze schaffen und Irmela ergreift die Gelegenheit. Sie startet einen Behördenmarathon: Konzept vorstellen, Anträge ausfüllen, Stadträte überzeugen und Fördermittel auftreiben. Die Lage für einen Wald- und Tierkindergarten ist ideal. Der alte Hof bietet Platz für Tiere und Kinder. Man kann einen Bauwagen aufstellen und als Gruppenraum nutzen, die Tiere in der Scheune versorgen, ein Hochbeet für Gemüse anlegen und überhaupt gibt es so viel zu beobachten am Teich, im Wald und auf der Wiese.

Im Januar 2008 startet der Kindergarten mit vier Seehaus-Kindern und einer zuerst privat angestellten Erzieherin. Als dann die Betriebserlaubnis vorliegt, werden acht weitere Kinder von außerhalb aufgenommen. Heute kümmern sich vier Erzieherinnen um 27 Kinder und die Warteliste für einen Platz ist lang.

Der WaTiKi spiegelt wider, was Irmela wichtig ist: als Gemeinschaft zu handeln, fürsorglich mit den Tieren zu sein, behutsam der Natur zu begegnen, zu lernen und neugierig zu bleiben.

Die Seehaus-Jungs und die Kindergartenkinder begegnen sich im Alltag kaum. Zweimal im Jahr gibt es einen Bautag. WaTiKi-Eltern, ihre Kinder und die Jugendlichen packen gemeinsam an und renovieren den Bauwagen, machen Großputz im Stall und füllen neue Erde in die Hochbeete. Gutes Essen und geselliger Austausch schenken dem Arbeitstag Leichtigkeit.

In der Anfangsphase des Seehauses kommen zweimal im Monat die Eltern und Angehörigen der Jugendlichen zu Besuch. Irmela hat den Anspruch, alle an der Kaffeetafel zu versammeln, genüsslich Kuchen zu essen und gemütlich zu plaudern. Doch oft gibt es sehr laute Gespräche und Diskussionen zwischen den Familien und ihren Jungs. Es ist für alle Beteiligten sehr anstrengend, vor allem für Irmela ist es kräftezehrend und sie schafft die Kaffeetafel wieder ab. Nun treffen sich die Jugendlichen und ihre Familien noch immer in der Wohngemeinschaft, aber jeder ist für sich. Die Jungs sorgen selbst dafür, dass es Kaffee gibt, und die Familien bringen Kuchen mit.

Die Beziehungen zu den Eltern erleben Irmela und Daniel sehr unterschiedlich. Es gibt immer wieder Eltern, die mit nichts zufrieden sind und immer etwas auszusetzen haben, aber manche Eltern fragen die beiden auch um Rat, wie sie mit ihren Söhnen umgehen sollen. Viele Eltern leiden unter Schuldgefühlen, versagt zu haben und ihren Kindern nicht das bieten zu können, was ihnen gutgetan hätte. Dann braucht es keine Ratschläge, sondern Trost und Ermutigung. Irmela und Daniel bestärken die Eltern, dass die Jungs die Verantwortung für ihre Tat selbst tragen müssen. Das kann ihnen niemand abnehmen.

2010 wird Lea-Marie geboren und Edith ist ein Vorschulkind. Die Eltern spüren, dass Veränderungen mit dem Schuleintritt ihrer Tochter anstehen. Sie und die Jungs entscheiden sich bewusst, eine gewisse Zeit in dieser intensiven Gemeinschaft des Seehauses zu leben. Doch ihre Töchter hatten nicht die Wahl. Sie wurden in diese Situation hineingeboren.

Familie Abrell entschließt sich dazu, ihre Hauselternschaft abzulegen. Sie leben noch immer in der Seehaus-Gemeinschaft, aber in einer eigenen Wohnung und mit anderen Aufgaben. Irmela übernimmt die pädagogische Leitung im Seehaus. Daniel hat von Anfang an die Jugendlichen in der Seehaus-Schule unterrichtet. Auch ohne Hausvaterschaft bleibt er nun dieser Aufgabe treu. Die neue Situation erleichtert ihnen den Familienalltag mit einem Schulkind.

Die Seehaus-Mitarbeiter sammeln Erfahrungen mit den Jungs und hinterfragen immer wieder ihr Konzept. Wo könnte man etwas verbessern? Haben die Jugendlichen gelernt, Verantwortung zu übernehmen? Bräuchten sie Unterstützung für die Zeit nach der Haft?

Es zeigt sich schnell, dass sich das Konzept mit seinen klaren Regeln nicht auf den Alltag außerhalb des Seehauses übertragen lässt. Bei den Eltern oder in einer eigenen Wohnung herrscht eine andere Dynamik und dafür braucht es weitere Unterstützungsangebote.

Irmela entwickelt gemeinsam mit dem Team ein Nachsorgeprogramm. Nach der Entlassung bieten die Seehaus-Mitarbeiter den jungen Männern nun an, ihnen bei Schule und Arbeit, bei Ämtergängen oder der Schuldenregulierung und anderen lebenspraktischen Themen zu helfen. Allein zu wissen, dass sie jemanden haben, den sie fragen könnten, ist für die jungen Männer eine Erleichterung.

So wie auf dem Seehaus-Gelände über Jahre umgebaut und angebaut wurde, wird auch die pädagogische Arbeit ausgebaut. Inzwischen trägt Irmela die Leitung des Seehauses, initiiert ein Anti-Aggression-Training und schult die Jungs darin, Mitgefühl zu entwickeln. Wodurch entsteht Empathie? Wohin mit der Wut? Das, was Irmelas Töchter ganz selbstverständlich in einer liebevollen und zugewandten Familie lernen, haben viele Jungs nie erlebt: zu reflektieren, sich zu entschuldigen oder zu vergeben. In den Trainingsprogrammen werden durch Gesprächsimpulse, mit Interaktionen und Selbsterfahrung die verkümmerten Ressourcen der Jungs geweckt.

Nur wer sich seiner Gefühle bewusst ist, kann Gewaltsituationen rechtzeitig erkennen. Nur wer mitfühlen kann, entwickelt Reue für die eigenen Taten, die Leid ausgelöst haben.

Irmela begleitet das Programm „Opfer und Täter im Gespräch". Vor allem die Opfer werden dort gesehen und gehört und dürfen ihre so drängende Frage stellen: Warum? Warum hast du das getan? Für die Opfer sind diese Begegnungen eine große Hilfe im Heilungsprozess. Tätern wird zum Teil erstmalig bewusst, welche Folgen ihre Straftat im Leben der Opfer haben. Für sie beginnt auch ein Prozess: Schuld eingestehen, Verantwortung übernehmen, Wiedergutmachung leisten.

Irmela nimmt die Dinge, wie sie kommen – auch die schönen. Sie erwartet nicht, dass sich die jungen Männer bei ihr melden, aber wenn sie es nach Jahren doch tun, ist es ihr sehr wertvoll.

Sie bekommt am Muttertag kleine Nachrichten per WhatsApp – mal ein Emoji, mal ein Blümchen, mal ein Dankeswort.

Ein Alumnus, der in der Schreinerei gelernt hat, schickt ihr zu Weihnachten ein Päckchen. Es sind selbstgearbeitete Dekoartikel drin, die er auf Märkten verkauft. Er hat seine zweite Chance genutzt.

Oft vergehen Jahre, bis sich jemand wieder meldet und dann ist es umso schöner. Seltsamerweise sind das oft die Jungs, mit denen Irmela viele Konflikte hatte. Wahrscheinlich ist es Irmelas Gelassenheit und Klarheit, die diesen jungen Menschen täglich beweist: „Du kannst machen, was du willst. Ich habe dich trotzdem gern!"

3.

Vergebung macht heil

„Ich möchte ihm vergeben."

Markus erwacht am 16. Juli 2018 auf der Intensivstation des Krankenhauses. Er kann sich kaum rühren. Auch sein Geist ist noch lange nicht in Höchstform. Doch da ist wieder dieser Gedanke, der ihn nicht loslässt: „Ich möchte ihm vergeben. Mein Körper ist zwar verletzt. Und meine Seele auch. Aber ich spüre, nur wenn ich ihm vergebe, kann meine Seele wieder heilen."

Markus sitzt mir in seinem gemütlichen Wohnzimmer in einem schwäbischen Kleinstädtchen gegenüber. Viel Licht fällt durch große Fenster. Die Möbel in hellem Holz. Einrichtung und geschmackvoll ausgesuchte Details verraten Stil.

Am Tisch neben Markus ist auch Silke, seine Frau. Zwei angenehme Zeitgenossen um die 50. Freundlich, unkompliziert, offen. Erstaunlich gefasst berichten mir beide von der schrecklichen Nacht. Der Nacht, die um ein Haar die letzte von Markus hätte sein können. Ohne ein Blatt vor den Mund zu nehmen, erzählen sie mir von ihren fürchterlichen Erlebnissen. Und von der langen Leidenszeit, in die das Verbrechen dieser Nacht sie gestürzt hat.

Markus ist selbständiger Handwerker, spezialisiert auf Lehmbau, Restaurierung alter Häuser und Denkmalschutz. Ein aktiver, erfolgreicher Fachmann auf seinem Gebiet. Ein ruhiger, besonnener Mensch, der nicht lange überlegt, sondern zupackt. Neben dem Beruf engagiert er sich in einer freikirchlichen Gemeinde. Markus begleitet dort die Pfadfinderinnen und Pfadfinder der „Royal Rangers“ bei ihren Gruppenstunden und Ausflügen. Er möchte ihnen dabei helfen, den Glauben an Gott zu entdecken und in den Alltag einzubeziehen. Er freut sich, dass auch Silke und die beiden Kinder dieses Interesse teilen.

„Eine rundherum glückliche Familie waren wir damals, vor der Tat“, strahlt Markus. Und beginnt dann zu erzählen, wie dieses Glück ins Wanken geriet.

Die Tochter der beiden freundet sich auf der Berufsschule mit einem jungen Flüchtling aus Afghanistan an. Als „unbegleiteter Minderjähriger“ war Haidar (so nennen wir ihn für dieses Buch) 2015 nach Deutschland gekommen. Zunächst erzählt die Tochter zu Hause nichts von Haidar. Als die Eltern mitbekommen, dass sich da eine Beziehung anbahnt, haben sie Mühe – und sagen das ihrer Tochter auch.

„Ich hab sie gefragt, ob sie mit diesem jungen Mann tatsächlich glücklich werden könnte“, erinnert sich Markus.

„Eine engagierte Christin und ein Moslem, wie soll das denn gehen?“ fragt auch Silke. Doch die Liebe der beiden jungen Leute scheint größer zu sein als die Bedenken der Eltern.

Viel erfahren Silke und Markus in dieser Zeit nicht über Haidar. Wenn er die Tochter besuchen kommt, grüßt er nur kurz. Und verschwindet dann in ihrem Zimmer. Silke und Markus bleiben mit einem mulmigen Gefühl zurück.

Eine Chance geben sie dem jungen Afghanen nicht. Im Nachhinein fragen sie sich, ob sie damals ganz anders auf Haidar hätten zugehen sollen. Wäre es nicht gut gewesen, sich für ihn und sein Schicksal zu interessieren? Ihm zuzuhören? Ihn kennenzulernen? Ihn mithineinzunehmen in die Familie und ihre Tradition? Aber zurückdrehen können sie die Uhr nicht.

Am 15. Juli 2018, einem warmen Sommerabend, sitzen Silke und Markus zusammen auf der Terrasse. Eigentlich wollten sie ihren Sohn im Nachbarort besuchen, doch weil Silke sich an diesem Tag nicht wohlfühlt, bleiben die beiden zu Hause und verbringen stattdessen dort schöne Stunden mit ihrem Sohn und dessen Freundin. Ihre Tochter ist nicht zu Hause. Als ihr Besuch sich gegen Mitternacht verabschiedet hat, gehen Silke und Markus schlafen.

Im Laufe der Nacht nehmen beide ein merkwürdiges Geräusch durch das offene Schlafzimmerfenster wahr. Und dann gleich noch eins. Streicht da draußen vielleicht eine Katze herum? Oder ein Marder? Oder war das nur ein Windhauch, der mit den weit geöffneten Fenstern im Dachgeschoss spielt?

„Geh doch noch mal rüber und lass die Rollläden runter", bittet Silke ihren Markus. Normalerweise würde der im Halbschlaf missmutig brummen und die Bitte überhören. Aber heute Nacht macht er sich tatsächlich auf den Weg. Ohne Widerrede.

„Im Nachhinein bin ich so froh, dass ich diese Bitte von Silke gleich erfüllt habe", kann Markus heute sagen. „Da hat

Gott seine Finger im Spiel gehabt. Ich mag gar nicht dran denken was passiert wäre, wenn Silke losgegangen wäre."

Als Markus eins der Zimmer im Dachgeschoss betreten will, spürt er einen vollkommen unerwarteten, heftigen Schlag auf den Kopf. Hinter der Tür nimmt er eine dunkle Gestalt wahr. Ein Einbrecher muss sich eingeschlichen und ihn jetzt angegriffen haben. Markus tritt einen Schritt zurück. Schreit laut, dass Silke sofort die Polizei anrufen solle. Hier sei jemand mit einem Messer, sie solle Hilfe holen. Dann versucht Markus, die Tür zuzudrücken. In seiner Angst wendet er dabei so viel Kraft auf, dass sich die Klinke verbiegt.

Silke greift nach dem Telefon. Gott sei Dank liegt es ausgerechnet jetzt einmal genau am richtigen Platz, in der Ladestation. Silke ruft die Polizei. Rennt im Schlafanzug aus dem Haus. Klingelt hilfesuchend bei der Nachbarin.

Inzwischen wirft sich der Einbrecher von innen gegen die Tür. Markus kann nicht standhalten. Er spürt, dass er blutet. Dass der Boden feucht ist von seinem Blut. Was er als Schlag wahrgenommen hat, war ein kräftiger Messerhieb. Er versucht zu fliehen. Stolpert. Rutscht aus und fällt zu Boden. Sehr schnell ist der Einbrecher über ihm. In schwarzer Kleidung und schwarzer Sturmhaube, mit einem langen Messer in der Hand. Wieder und wieder holt der Eindringling aus. Schlägt und sticht mit dem Messer auf Markus ein.

„Wer ist noch im Haus?", will er wissen. Immer wieder: „Wer ist noch im Haus?"

„Da ist niemand", stöhnt Markus. Fragt den Täter in Todesangst, ob er vielleicht Geld wolle. Bittet ihn, doch endlich aufzuhören. Doch immer weiter hört er nur die eine Frage:

„Wer ist noch im Haus?" Und erhält weitere Schläge und tiefe Stiche gegen seine linke Seite, gegen den Arm, gegen den Ober- und den Unterschenkel.

„Das war alles so unwirklich", erinnert sich Markus. „Ich konnte nicht glauben, was ich erlebte. Es war wie im Tatort oder bei Aktenzeichen XY. Ich dachte: Das kann überhaupt nicht wahr sein, du träumst gerade."

Doch immer mehr realisiert Markus, dass der Täter ihn tatsächlich schwer verletzt hat und ihm weiter zusetzt. „So, jetzt sterbe ich", fährt es ihm durch den Kopf. Markus sieht sich wie ein Beobachter von außen selbst auf dem Boden liegen. Still betet er für sich: „Jesus, jetzt sterbe ich, bitte hilf mir!"

Für einen Moment hört der unbekannte Täter auf zu wüten. Seine Sturmhaube ist verrutscht, er muss sie wieder richten. Markus nutzt diese Gelegenheit. Rappelt sich auf. Und schafft es auf unvorstellbare Weise, sich in Sicherheit zu bringen. Wie er ins Schlafzimmer und von dort durch ein Fenster aufs Dach gelangen konnte, kann Markus sich bis heute nicht erklären. Die Verletzungen sind so schwer, dass er eigentlich keine Kraft mehr für solche Aktionen hätte haben dürfen.

Zum Glück eilt ihm der Täter nicht hinterher. Auch hier habe Gott wieder eingegriffen, erklärt sich Markus diese Wendung. Er ist sich bewusst: Es hätte alles viel schlimmer kommen können. Jedenfalls lässt der Täter von ihm ab. Eilt stattdessen die Treppe hinunter. Und verschwindet über die Terrasse. Was Silke und Markus in diesem Augenblick nicht wissen: Der Täter kennt sich in ihrem Haus gut aus. Unter der Sturmhaube versteckt sich Haidar.

Silke erlebt diese Minuten in größter Sorge um ihren Mann. Vorsichtig wagt sie sich mit der Nachbarin ins Haus. Dort finden sie Markus schwer verletzt und aus vielen Wunden blutend auf dem Dach. Auch der Tatort ist voller Blut. Unmengen von Blut.

Sanitäter holen Markus ab und bringen ihn mit schwersten Verletzungen ins Krankenhaus. Auf dem Transport dorthin merkt Markus: Ich träume nicht. Das hier ist alles real. Das ist schreckliche Wirklichkeit. Er fühlt, dass ein Stück Fleisch von seiner Nase herabhängt. Er registriert auch, dass er den Überfall überlebt hat. Später wird er erfahren, dass die 17 Zentimeter lange Klinge nur sehr knapp an einer Hauptschlagader vorbeigeschrammt ist. Sein Leben hing am seidenen Faden.

Als die Polizei eintrifft, ist der Täter über alle Berge. Auch Suchaktionen mit Hubschrauber und vielen Beamten bleiben erfolglos.

Während die Ärzte um das Leben von Markus ringen, sucht die Polizei weiter nach dem Täter. Natürlich gerät bald auch Haidar als inzwischen ehemaliger Freund der Tochter ins Visier der Ermittler. In den Tagen nach der Tat wird er zweimal festgenommen. Zweimal muss er aber aus Mangel an Beweisen wieder freigelassen werden. Dann versucht Haidar unterzutauchen. Er verschwindet ins Ausland, lenkt damit aber erst recht den Verdacht auf sich. Schließlich bestätigt auch die DNA-Spur: Markus kannte den Mann, der ihn lebensgefährlich verletzt hat. Und erfährt wenig später: Haider ist unter starkem Tatverdacht festgenommen worden.

„Ich möchte Haidar vergeben", dieser Gedanke lässt Markus trotzdem nicht mehr los. Anfangs hat Silke kein Verständnis dafür. Und natürlich mischen sich auch bei Markus Ärger, Wut und Unverständnis in dieses Anliegen. Doch erstaunlicherweise bleibt Markus bei aller Erschütterung dabei: Er will dem jungen Afghanen von Herzen vergeben.

Silke und Markus diskutierten stundenlang darüber, wie sie nach der existenziellen Bedrohung und der tiefen Erschütterung weiterleben wollen. Ihr Haus verkaufen, in dem die Tat geschehen ist? Die Firma aufgeben? Ganz woanders ganz anders neu anfangen?

Mutig entscheiden die beiden sich, weiterzumachen. Zu vergeben. Auf Gottes Beistand zu vertrauen. Die Schrecken aufzuarbeiten. Da anzuknüpfen, wo sie vor ihrer Tat aktiv waren. Auch wenn Markus nach den schweren Verletzungen seinen Beruf nur noch zum Teil ausführen kann. Büroaufgaben und Planung ja, aktives Anpacken auf dem Bau, Klettern auf Gerüste – vollkommen unmöglich. Das linke Bein würde diese Belastung nicht mehr aushalten. Auch an seinen Lieblingssport Skifahren ist nicht mehr zu denken. Die Julinacht hat bei Markus bleibende Schäden hinterlassen.

„Ganz schlimm wäre es für mich gewesen, wenn irgendwelche Leute meinen Fall dafür genutzt hätten, Hass gegen Ausländer zu schüren", bemerkt Markus nachdenklich und sieht mir dabei in die Augen. Bei aller Erschütterung möchte er sich auch nach diesem Verbrechen als Christ glaubwürdig verhalten.

„Schuld ist doch immer gleich Schuld, Sünde gleich Sünde", versucht er mir zu erklären. „Jeder Mensch ist doch auf die eine oder andere Weise schuldig geworden, ich genauso wie dieser junge Mann. Wir alle brauchen Vergebung, so wie Jesus sie anbietet."

Als Markus damals öffentlich von seiner Vergebungsbereitschaft spricht und selbst Zeitungen darüber berichten, schlägt ihm Unverständnis entgegen. Vergeben? Dem doch nicht! Selbst im eigenen Umfeld verstehen viele Menschen nicht, warum Markus von sich aus dazu bereit ist, dem Täter zu vergeben.

Am 12. Februar 2019 fällt eine Jugendkammer des Stuttgarter Landgerichts das Urteil: Fast sieben Jahre Haft für den inzwischen 20-jährigen Haidar. Außerdem muss er damit rechnen, nach der Zeit im Gefängnis nach Afghanistan abgeschoben zu werden.

Während des Prozesses erfahren Silke und Markus, dass Haidar die Trennung von ihrer Tochter nicht akzeptieren wollte. Dass auch schon vorher Spannungen, Missverständnisse, diverse Trennungen zu dieser Beziehung gehört hatten. Und irgendwann auch Wut, Beschimpfungen, wüste Drohungen. In der Julinacht habe er die Tochter besuchen und mit ihr reden wollen, behauptet Haidar vor Gericht. Wozu er dazu ein langes Messer gebraucht hätte, vermag er nicht zu erklären. Oder er ist nicht bereit dazu. Überhaupt sind Silke und Markus enttäuscht von Haidar und seinen ausweichenden Antworten. Schier unerträglich ist es für sie, dass Haidar beim Prozess ihrem Blick ausweicht und sich nicht glaubwürdig entschuldigt.

Sie selbst empfinden keinerlei Genugtuung angesichts des harten Urteils. Mühevoll kämpfen sie sich durch Verletzungen und Traumata hindurch zurück in einen neuen Alltag. Zu schaffen macht ihnen dabei das Gefühl von Erschütterung und Verunsicherung in den eigenen vier Wänden. Sie leiden aber auch sehr darunter, dass die Gesellschaft und selbst enge Freunde kein Verständnis für das Leiden haben, das seit der Tat an ihnen zehrt. Mit dem Täter beschäftigen die Menschen sich, mit den Opfern aber nicht, kommentieren die beiden.

Beide lassen sich von Psychologen beraten und begleiten. So schaffen sie es immer mehr, ihre traumatischen Erfahrungen zu verarbeiten. „Gottes Kraft hat uns durch diese schwere Zeit hindurch getragen", berichten Silke und Markus. „Wir haben immer gespürt, dass wir nicht allein kämpfen müssen."

Eines Tages meldet sich auf verschlungenen Wegen eine Mitarbeiterin der Opferberatung des Seehauses bei ihnen. Sie hat in der Zeitung vom Prozess gelesen und macht das Angebot zum Gespräch und zur Hilfestellung. Tatsächlich sind Silke und Markus nach einer Weile dazu bereit und nehmen Kontakt auf.

Nach einigen wertvollen Begegnungen wagen sie sich dann in ein sogenanntes „Opfer-Täter-Gespräch" im Leonberger Seehaus. Eine Situation, die von Therapeutinnen sehr genau vorbereitet und dann auch geführt wird. Fünf Straftäter – verurteilte „Jungs" aus dem Seehaus – werden dabei konfrontiert mit fünf Verbrechensopfern. Die Opfer schildern ihre Erfahrungen, machen deutlich, wie grausam das erlittene Verbrechen in ihren Alltag hineingewütet hat. Silke und Markus leiden mit den Opfern mit, deren Schicksal sie hier kennenlernen. Und sind ein weiteres Mal froh, dass sie den schweren Aufarbeitungsprozess nicht allein bewältigen müssen, sondern dabei Gottes Beistand erleben.

Markus strahlt, als er mir von dieser Begegnung mit jungen Tätern erzählt. Ihm tut es damals ausgesprochen gut, seinen Schmerz einmal ausdrücken zu können. Es tut gut, die Erfahrungen von Hilflosigkeit, Verletzung und Verunsicherung mit Menschen teilen zu können, die selbst als Straftäter schlimmes Unheil angerichtet haben. Er spürt, dass die Seehaus-Jungs – verurteilte Diebe, Einbrecher, Drogenhändler oder Gewalttäter – sehr genau zuhören und tief getroffen sind von dem, was da einer wie sie ausgelöst hat.

Später berichten auch sie von ihren Taten. Und Markus macht dabei eine überraschende Erfahrung: Erstaunlich nette Jugendliche sitzen ihm da gegenüber. Jungs mit Köpfchen und Einfühlungsvermögen, mit Zukunft und Perspektive – wenn sie es nur weg von Gewalt und Kriminalität schaffen könnten.

Der Kontakt zur Opferberatung des Seehauses ist für Silke und Markus ein Baustein auf ihrem Weg zu ihrem heutigen Leben. Ganz bewusst gehört dazu auch, dass sie inzwischen schon zweimal im Gefängnis waren. In der Jugendstrafanstalt Adelsheim im nördlichen Baden-Württemberg haben sie Haidar getroffen.

Die Opfer besuchen den Täter. Kein einfacher Gang, berichten beide. Denn sie haben Haidar gegenüber ausgedrückt, dass sie ihm vergeben haben. Trotz allem. Im Nachhinein spüren sie: Dieser Besuch im Gefängnis war ein wichtiger Schritt bei der Bewältigung der traumatischen Erfahrungen.

Ein wichtiger Schritt auch in ihrem Heilungsprozess. Auch wenn viele Fragen weiter offengeblieben sind.

„Ich möchte ihm vergeben." Was für eine unfassbare Reaktion auf ein schlimmes Verbrechen. Gegen Ende unseres Gesprächs frage ich Markus, wie er denn nur auf diesen Gedanken gekommen sei.

Markus zuckt mit den Achseln. „Das kann eigentlich nur Gottes Geist in mir bewirkt haben", sagt der gläubige Christ. „Der Glaube hat mir Kraft gegeben, das alles zu verarbeiten. Ohne Gott wäre unsere Familie damals zerbrochen."

Silke hört zu, nickt, dann ergänzt sie: Anfänglich habe sie heftig rebelliert gegen die Gedanken von Markus. Sie habe Wut und Ärger gespürt und keinerlei Bereitschaft zur Vergebung. Aber dann sei ihr immer mehr klargeworden, dass Markus den richtigen Weg gewählt habe. Und sie habe sich ihm angeschlossen. „Vergeben heißt ja nicht vergessen. Und es heißt erst recht nicht, die Tat gutzuheißen. Vergeben heißt: Ich handele so an einem anderen Menschen wie Jesus an mir handelt", sagt Silke leise. „Als ich endlich so weit war, dass ich Haidar vergeben konnte, da bin ich innerlich zur Ruhe gekommen."

4.

Manchmal braucht es eine zweite Chance

Könnte eine Kindheit schöner verlaufen? Wenn Gaetano von früher berichtet, könnte man fast neidisch werden. Er wächst auf in einer bunten Zirkuswelt. Ist immer unterwegs. Schläft, lebt, spielt und lernt in einem Wohnwagen. Ist dort Teil einer engen Gemeinschaft, in der alle mit anpacken. Und auch er selbst sehr früh wichtige Aufgaben übernehmen darf.

Schon mit sieben, acht Jahren treibt er als Clown in der Manege des Familienzirkusses Barani seine Späße. Auch das gut dressierte Lama Hansi darf Gaetano vorführen. Und kräftig Beifall ernten, wenn Hansi über Hindernisse springt, verrückte Kapriolen schlägt und seinem kleinen Dompteur aufs Wort folgt.

„Im Zirkus konnte ich zeigen, was ich draufhabe“, erzählt Gaetano über seine außergewöhnliche Kindheit. „Von Ort zu Ort ziehen, mal hier zwei Wochen die Schule besuchen und dann wieder woanders – das hat mir nie etwas ausgemacht. Ich kannte es nicht anders.“

Gaetano ist Teil einer Sinti-Großfamilie. Die Eltern, seine vier Geschwister, ein Onkel mit Familie, die ganze Familie ist gemeinsam unterwegs. Und nicht an einen Ort gebunden.

„Alle meine Geschwister tragen Namen, die ursprünglich aus anderen Ländern stammen", verrät er schmunzelnd. Und warum gerade Gaetano? Der Namensträger lacht:

„Als meine Mutter mit mir schwanger war, fragte sie einen freundlichen Kellner aus Italien nach möglichst schönen Namen. Dieser Mann hieß Gaetano. Als meine Mutter den Namen hörte, war klar, wie ich heißen würde."

Landauf, landab durch Deutschland und bis nach Österreich zieht der Familienzirkus. Gaetano schwärmt bis heute von dieser Zeit.

„Natürlich musste manche Vorführung abgesagt werden, weil das Wetter nicht passte oder einfach niemand kommen wollte. Manchmal mussten wir weiterziehen, weil wir keinen Platz zugeteilt bekamen. Aber insgesamt hatten wir eine großartige Zeit. Wir hatten nie Hunger. Wir trugen immer saubere Kleidung. Und ich konnte vor und nach den Vorstellungen zusammen mit den anderen Kindern einfach tun, worauf ich Lust hatte."

Doch im Laufe der Jahre wird es für den kleinen Zirkus immer schwerer, genug Einnahmen für den Unterhalt der Großfamilie zu erwirtschaften. Im Jahr 2012 treffen Gaetanos Eltern deshalb eine folgenschwere Entscheidung: Sie überlassen den Zirkus einem Onkel. Gemeinsam mit ihren fünf Kindern werden sie sesshaft. In einem kleinen Ort am Rande der schwäbischen Alb.

Gaetano ist damals ein Teenager. Zum ersten Mal in seinem Leben besucht er regelmäßig eine Schule. Lernen macht ihm Spaß. Aber mit der strikten Ordnung kann er sich nicht anfreunden. Und es fehlt ihm auch, sein Talent und seine

Fähigkeiten zeigen zu können. Und dafür mit Applaus belohnt zu werden.

Sehr schnell schließt er sich einer Clique von Altersgenossen an. Die wollen auf ihre ganz eigene Art „auffallen“. Sie rauchen, trinken, beschäftigen sich mit ziemlichem Unsinn. Harmlose Späße anfangs, dann aber werden die immer derber, schließlich kriminell: Embleme von Autos klauen. Nagelneuen PKWs den Lack zerkratzen. Dinge zerstören oder beschädigen. Besoffen grölend durch die Straßen der kleinen Stadt ziehen.

„Dann führte eins zum anderen“, bekennt Gaetano. Und beschreibt damit sein Abrutschen in dieser neuen Umgebung. Obwohl er erst 15 ist und natürlich keinen Führerschein hat, leiht er sich heimlich Autos von Familienmitgliedern aus. Und brettert mit seinen Kumpels durch die Nacht.

Eines Tages begleitet er als Beifahrer seine Mutter zum Supermarkt. Während die Mutter den Einkaufswagen füllt, nimmt Gaetano auf dem Fahrersitz Platz. Er will das Auto ein wenig hin und her rangieren. Doch er scheitert und knallt in ein anderes parkendes Fahrzeug. Sofort ist die Polizei zur Stelle. Der Schuldige ist schnell ermittelt. Gaetano bekommt Sozialstunden aufgebrummt, weil er ohne Führerschein gefahren ist. Nicht eine einzige von diesen Stunden arbeitet er tatsächlich ab.

Zu Hause setzt es zur Strafe Prügel. Doch Gaetano lässt sich nicht mehr stoppen. Als er 16 ist, bricht er gemeinsam mit einigen anderen Jungs in Werkstätten und Autohäuser ein. Die Jugendlichen knacken Autos und klauen sie. „Je neuer, desto teurer“, erklärt Gaetano. Über einen Mittelsmann werden die Autos sofort ohne Papiere weiter nach Polen verkauft. Ein einträgliches Geschäft für die Jungs von der Alb. Doch die Bande kann ihren „Erfolg“ nur wenige Wochen lang genießen. Nachdem sie insgesamt 17 Autos gestohlen und verkauft hat, werden alle Mitglieder erwischt und verhaftet.

Gaetano landet in Untersuchungshaft in Stuttgart-Stammheim. Dort ist er der Jüngste unter den Gefangen. Und erlebt die oft grausame Realität in Strafanstalten. Mehrmals muss er sich prügeln, weil andere Gefangene ihn bestehlen wollen. Immer wieder muss er sich beweisen. Und hat dazu nicht viel mehr zur Verfügung als seine Fäuste.

Das Urteil des Gerichts fällt wegen des angerichteten Schadens drastisch aus: zwei Jahre Haft ohne Bewährung. Eine ganze Menge für einen Jugendlichen, der zu dieser Zeit gerade erst 17 Jahre alt geworden ist. Anfang Dezember wird Gaetano in dic Jugendstrafanstalt Adelsheim eingeliefert. Hier geht es ihm etwas besser als in Stammheim. Um ihn herum entdeckt er eine kleine Gruppe von Jugendlichen, die wie er aus Sinti- oder Roma-Familien stammen.

„Die Älteren von denen haben mich beschützt“, erinnert sich Gaetano.

Trotzdem will er raus aus dem Knast, so schnell wie möglich. Da hört er von dem Angebot, die Strafe im Seehaus zu verbringen. Er begreift zwar nicht, worauf er sich da einlässt, hat aber den dringenden Wunsch: „Hauptsache so schnell wie möglich weg hier.“ Und bewirbt sich deshalb mit einem persönlichen Brief im Seehaus.

Weihnachten, Silvester, Neujahr – all diese Feste verbringt er noch in der tristen Umgebung des Gefängnisses. Mitte

Januar dann wird er ins Seehaus abgeholt. Eine vollkommen neue Lebensphase beginnt. Früh aufstehen, joggen, Sport treiben – all das ist für den früheren Zirkusakrobaten kein Problem. Mit den strengen Seehaus-Regeln aber hat er anfangs seine Mühe. Der durchstrukturierte, streng geregelte Tagesablauf nervt ihn.

Sein größtes Problem: Im Seehaus ist die Freiheit so nah und doch gleichzeitig so fern. Weil um das Haus und das Gelände herum keinerlei Zäune oder Mauern verlaufen, könnte er einfach abhauen und sich verdrücken. Die Versuchung ist groß. Aber Gaetano begreift: Flüchten wäre keine Alternative.

Er lässt sich also ein auf diese spezielle Welt und ihre Regeln. In kürzester Zeit arbeitet er sich in der „Rangordnung" des Seehauses hoch. Steigt bald schon wegen seiner guten Führung und seinem verantwortungsbewussten Handeln zum „Löwen" auf. Für ihn bedeutet das Freiheiten und Sonderrechte wie Handy oder Wochenendbesuche zu Hause. Im Seehaus macht Gaetano außerdem den Führerschein. Und er absolviert sein erstes Lehrjahr als Auszubildender im Garten- und Landschaftsbau. Als er mit etwa achtzehneinhalb entlassen wird, ist er ein anderer Mensch geworden.

Doch noch einmal wird ihm seine Liebe zu Autos zum Verhängnis. Mit erspartem Geld und einem Kredit kauft Gaetano sich einen alten Mercedes. Ein Geschoss mit mehr als 200 PS. Nur zwei Monate nach seiner Entlassung baut er mit diesem Wagen einen schweren Unfall. Weil die Reifen abgefahren sind, verliert er die Kontrolle. Sein Mercedes rutscht in einen entgegenkommenden Kombi hinein. Der Kombi-Fahrer wird nur leicht verletzt. Gaetano und den Jungen neben ihm aber erwischt es sehr schlimm. Wenige Stunden nach dem Aufprall erliegt der Beifahrer seinen schweren Verletzungen.

An Gaetanos Körper ist fast nichts mehr heil. Gebrochen sind das Becken, drei Wirbel und etliche Rippen. Gerissen sind Milz und Leber. Durch die gebrochenen Rippen ist die Lunge schwer verletzt. Gaetano wird notdürftig versorgt, dann mit dem Rettungshubschrauber in die Tübinger Uniklinik geflogen. Die Ärzte wissen nicht, ob ihr Patient die schweren Verletzungen überleben wird.

„Zum Glück war mein Körper durch die Zeit im Seehaus topfit", berichtet ein dankbarer Gaetano. „Die Ärzte staunten, wie schnell ich mich regenerierte."

Doch als er nach zwei Monaten endlich entlassen wird, wiegt er nur noch 42 Kilogramm. Besteht nur noch aus Haut und Knochen.

„Ich war ein Klappergerüst", witzelt Gactano verlegen. Anfangs kann er sich nur mit Krücken bewegen. Er braucht Physiotherapie und muss hart trainieren.

Ein Jahr etwa dauert es, bevor Gaetano wieder einigermaßen hergestellt ist. Ganz allmählich will er zurück ins Leben starten. Doch ein Brief der Staatsanwaltschaft reißt ihn aus allen Träumen: Als Verursacher des Unfalls mit Todesfolge muss er vor Gericht erscheinen. Und dort die Konsequenzen seiner Unfallfahrt tragen. Das Urteil trifft Gaetano hart: drei Jahre Haft ohne Bewährung wegen fahrlässiger Tötung.

Was jetzt kommt, kennt er: Er wird in Adelsheim eingeliefert. Dann aber schreibt Gaetano Geschichte: Als erster Jugendlicher überhaupt darf er seine Haftzeit ein zweites Mal im Seehaus verbringen. Warum diese Ausnahme?

Gaetano lächelt: „Vielleicht hab ich ein gutes Bild im Seehaus hinterlassen? Die wussten ja, dass ich mich wirklich ändern will. Die haben auch bemerkt, dass ich nicht in meine alten Verhaltensmuster zurückgefallen war und mich von allem Kriminellen ferngehalten habe."

Geradezu im Eiltempo fliegt Gaetano jetzt in der zweiten Runde durchs Seehaus und alle Aufgaben und Programme. Er weiß ja, worauf es ankommt. Und bemüht sich mit all seiner Kraft um kooperatives Verhalten.

Als er auf Bewährung entlassen wird, ist Gaetano heilfroh. Inzwischen Anfang 20 plant er den Neuanfang nicht nur für sich selbst. Seit der Zeit im Krankenhaus hat sich die Beziehung zu einer jungen Frau vertieft, die er schon lange kannte, aber erst jetzt zu entdecken beginnt. Im Krankenhaus hat sie ihn treu besucht. Und auch anschließend steht sie zu ihm und unterstützt ihn. Die beiden suchen sich gemeinsam eine Wohnung. Wollen ihr Leben und ihre Zukunft miteinander gestalten.

Gaetano jobbt erst in einem Gartenbaubetrieb. Dann bekommt er ein lukratives Angebot: Als „Holzrücker" kann er mit großen Maschinen im Wald arbeiten. Eine sehr gut bezahlte Tätigkeit. Aber eine, die ihn dazu zwingt, wochenlang getrennt von seiner Freundin zu sein. Während der Arbeit in der riesigen Maschine denkt Gaetano über die gemeinsame Zukunft nach. Und setzt bei seinen schönen Kindheitserinnerungen an.

Was müsste geschehen, fragt er sich, damit er wieder im Wohnwagen leben, mit der Familie unterwegs sein und Geld verdienen könnte? Kleine Zirkusse funktionieren heute nicht mehr, weiß er aus Erfahrung. Dann hat er eine grandiose Idee: Er wird sich mit einem Hüpfburgen-Park selbständig machen. Das Geld, das er im Wald verdient, legt er deshalb für einen Transporter an. Er kauft Anhänger, einen Imbisswagen und natürlich mehrere Hüpfburgen. Als Schausteller von Ort zu Ort zu ziehen, Kindern und Erwachsenen Freude anzubieten und davon zu leben – diese Vision entwickelt der Jungunternehmer im Kopf.

Als er sie gerade in die Praxis umsetzen will, stoppt ihn Corona. Alle gebuchten Termine werden abgesagt. Die leeren Hüllen seiner Hüpfburgen liegen nutzlos im Lager herum. Gaetano muss sich eine Menge einfallen lassen, um auf andere Weise Geld zu verdienen: Er betätigt sich als Schrotthändler. Fährt Waren für andere Betriebe aus. Verkauft mit seinem Imbisswagen vor Supermärkten Glühwein, gebrannte Mandeln und Currywurst.

Nie legt er die Hände in den Schoß. Immer entwickelt er neue Ideen und probiert sie aus. So schafft er es, die Corona-Krise zu überstehen. Im April 2022 kann er endlich richtig starten. Und dann ein erstes erfolgreiches Geschäftsjahr hinlegen. Von April bis Oktober ist er mit seinen Hüpfburgen unterwegs. Lädt ein zum Springen, Toben und Spaß haben in seinem „Happy-Hoppel-Land“ (bis zu 30 eigene Burgen kann er dafür inzwischen einsetzen). Im Winter verleiht er Hüpfburgen an Firmen und andere Interessenten. Außerdem sammelt und verkauft er Schrott und ist mit seinem Imbisswagen aktiv. Flexibel und vielseitig sein ist wichtig in seiner Branche. Und genau das liebt Gaetano sehr. Ein „9 to 5-Job“ wäre für ihn ein Gräuel.

Als junger Unternehmer setzt er seine zahlreichen Ideen in die Tat um. Die frühere Freundin – inzwischen seine Ehefrau und Mutter der gemeinsamen beiden Kinder – unterstützt ihn in Buchhaltung und Organisation.

„Im Seehaus bin ich zum Macher geworden“, zieht Gaetano Bilanz. „Ich habe es dort noch mehr als früher im Zirkus gelernt, dass ich etwas kann. Ohne die Zeit im Seehaus hätte ich wohl nie den Sprung in die Selbständigkeit gewagt. Vielleicht würde ich bis heute nur Schrott sammeln. Ich kann Verantwortung tragen, ich kann führen – das habe ich im Seehaus beigebracht bekommen. Überhaupt ist Verantwortung das Wichtigste, was ich im Seehaus gelernt habe. Für mich bedeutet das auch: Nicht mehr vor Problemen weglaufen, sondern sie anpacken.“

5.

Der verrückte Macher

Dieser Mann ist leicht zu durchschauen. Jedenfalls könnte man das auf den ersten Blick meinen: Ein eher zurückhaltendes Lächeln zeichnet ihn aus. Ein sympathischer Lausbubencharme. Die immer gleiche Kleidung (schwarze Jeans und schwarzes Polohemd mit einem Seehaus-Aufnäher). Tobias Merckle macht wenige Worte. Hasst Smalltalk. Kommt gerne und schnell zur Sache. Und nimmt dabei eine Person ganz und gar nicht wichtig: sich selbst.

Wer dranbleibt, nachfragt, zuhört, miterlebt und diesen Mann ein wenig kennenlernt, der kann allerdings viele Überraschungen erleben. In meinem langen Leben und Arbeiten als Journalist habe ich noch keine Persönlichkeit getroffen, die so vielfältig, so facettenreich, so durch und durch engagiert und so – mit Verlaub – „verrückt" ist wie Tobias.

Da gründet einer nahezu Jahr für Jahr neue soziale Stiftungen, Organisationen und GmbHs. Und ist sich andererseits nicht zu schade, mit Kindern auf dem Boden herumzutoben, damit die mal wieder kräftig lachen können.

Da verbringt einer freiwillig einen Großteil seiner Zeit mit rechtskräftig verurteilten jungen Strafgefangenen, spricht, lebt, isst mit ihnen gemeinsam und tut alles, um sie aus dem Kreislauf der Kriminalität herauszuholen. Und bestimmt gleichzeitig bis 2022 als Aufsichtsratsmitglied den Kurs der börsennotierten HeidelbergCement AG (mehr als 50.000 Arbeitsplätze weltweit) mit.

Da verhandelt einer mit Regierungen und früheren Guerilleros in Kolumbien und versucht, Wege aus der Gewaltspirale zu finden. Und ringt wenig später mit Ministerinnen und Ministern verschiedener deutscher Bundesländer um Zustimmung und Unterstützung seiner Herzensanliegen: neue, sozialere Formen von Strafvollzug mit einer echten Chance für die Verurteilten, anschließend ins Leben zurückzufinden.

Er stammt aus einer der reichsten Unternehmerfamilien in Deutschland, lebt aber freiwillig einfach wie ein Mönch in einer kleinen Dachwohnung mitten im Seehaus. Und ist hier rund um die Uhr, buchstäblich 24 Stunden am Tag, ansprechbar für die „Jungs", die dort gerade aktuell betreut werden. Und genauso auch für die Ehemaligen, die sogenannten „Alumni".

So könnte ich weitere Beispiele aufzählen und mit jedem Beispiel selbst mehr ins Staunen geraten: Tobias Merckle als spontan einspringender Fahrer einer Motorrikscha in Kolumbien. Als Referent bei einem Führungskräfte-Kongress. Als Kellner, der seine Mitarbeiterinnen und Mitarbeiter mit Kaffee versorgt. Als großzügiger Stifter, der gewaltige Summen für verschiedene Sozialprojekte zur Verfügung stellt. Als Visionär, der völlig neue Konzepte für das Zusammenleben von „In-Ländern" und „Aus-Ländern" initiiert und höchst erfolgreich umsetzt.

Ganz schön „verrückt", oder? Ein Phänomen, dieser Tobias Merckle. Ein Original. Ein Leuchtturm. Eine Persönlichkeit, die erheblich mehr im Laden stehen hat, als man beim kurzen Blick ins Schaufenster vermuten würde.

„Sozialunternehmer" nennt ihn Wikipedia, und dieser Begriff fasst tatsächlich einiges zusammen von dem Ideenreichtum, dem unternehmerischen Denken und dem zupackenden Handeln, die typisch sind für Tobias Merckle. Wenn wir den Begriff zerlegen und ihn denkbar weit verstehen, dann beschreibt er diesen Mann tatsächlich ganz genau: Tobias Merckle „unternimmt" eine ganze Menge, er investiert unglaublich viel Zeit, Kraft, Liebe und Geld, wird nicht müde, immer neue Formen für sein Engagement zu finden – all das, um unsere Welt ein wenig besser, gerechter, menschenfreundlicher, eben „sozialer" zu gestalten. Nicht nur in Deutschland, sondern auch zum Beispiel in Kolumbien, Sambia, Ruanda, Kambodscha und der Ukraine.

Versöhnung ist sein Hauptanliegen. Als überzeugter Christ geht er mit diesem Anliegen gerade dorthin, wo es wehtut, wo besonders viel an Konflikten, Ungerechtigkeit und Not herrschen: in Gefängnisse. Hier und an anderen Brennpunkten bemüht er sich mit seinen engagierten Mitarbeiterinnen und Mitarbeitern darum, dass Täter und ihre Opfer einen Weg zur Versöhnung finden. Dass zerstrittene Dörfer nach Massakern behutsam wieder aufeinander zugehen. Dass ungeachtet der politischen Streitigkeiten um den richtigen Umgang mit „Migranten" Gemeinschaft und versöhnte Verhältnisse gelebt werden und zwar in eigens errichteten „Hoffnungshäusern".

Doch mehr als für alles andere aus seinem breitgefächerten Portfolio schlägt Tobias Merckles Herz für die Jungs im Seehaus. Die meisten von ihnen haben in ihrem jungen Leben

Zerbruch, Ablehnung, Prügel, Streit und Katastrophen erlebt. Im Jugendgefängnis würden sie nur noch mehr Gewalt kennenlernen und noch tiefer hineingezogen werden in die unheilvolle Spirale der Kriminalität. Im Seehaus sollen sie dagegen die Chance bekommen, sich zu „versöhnen". Versöhnen mit sich selbst. Mit ihren oft ausgesprochen heillosen Herkunftsfamilien. Mit ihren von Misserfolg und Ablehnung geprägten Biografien. Letztlich versöhnen auch mit der Gesellschaft, in der viele von ihnen noch gar nicht richtig angekommen sind.

Jeder dieser Jungs ist in erster Linie nicht ein Verbrecher, nicht ein Krimineller, nicht ein rechtskräftig verurteilter Straftäter, findet Tobias Merckle, sondern ein Mensch, eine Persönlichkeit, ein Geschöpf Gottes. Dieser Mensch soll um Gottes Willen eine Chance bekommen. Vielleicht die erste Chancc in seinem noch jungen Leben. Vielleicht die zweite, dritte oder vierte Chance.

Junge Männer, die äußerlich vor Kraft strotzen, aber innerlich oft verletzt, zerbrochen und unsicher sind, sollen erleben: Du bist wertvoll. Du kannst etwas. Du schaffst es, dich nach den Regeln für die Gemeinschaft zu richten. Du kannst etwas lernen und etwas einbringen. Dein Verhalten hat Konsequenzen. Du bestimmst selbst, ob es mit dir vorangeht oder noch nicht. Du kannst etwas aus deinem Leben machen. Versöhne dich mit dir selbst, sag ja zu deinen Gaben und Grenzen. Und dann starte voll durch ins Leben.

Schon als junger Mann, gleich nach dem Abitur, entdeckt Tobias Merckle seine spezielle Berufung für Menschen, die mit dem Gesetz in Konflikt gekommen sind. Seitdem hat er unzählige Gefängnisse in der ganzen Welt besucht, hat sich mit der Lage der Insassen beschäftigt, sich über die Situation ihrer Angehörigen informiert und hat Hilfsprogramme für „drinnen" und „draußen" gestartet.

Kern seiner Arbeit ist seit zwei Jahrzehnten das Seehaus in Leonberg, wo er selbst lebt. Hier ist er gleichzeitig Gründer, Kopf und Motor; er ist Ansprechpartner, Sozialarbeiter und unverzichtbares Mitglied der Seehaus-Familie.

20 Jahre Seehaus, für Tobias Merckle bedeutet das mehr als 290 Gelegenheiten, jungen Männern eine Chance einzuräumen (und zusätzlich noch mal mehr als 70 solcher Gelegenheiten im Seehaus Leipzig). Ihnen ein pädagogisch ausgeklügeltes Programm mit strengen, klaren Regeln anzubieten. Mit der Möglichkeit, sich zu bewähren und damit Freiheiten zu erarbeiten. Oder nach Misserfolgen auch Rückschläge hinnehmen zu müssen, im schlimmsten Fall die Rückkehr hinter die Gitter einer Strafanstalt.

Ja, auch Rückschläge gibt es im Seehaus. Nicht jede kriminelle Karriere führt nach wenigen Monaten im Seehaus zu einer „bürgerlichen" Existenz. Nicht jeder Jugendliche nutzt die Chance, die sich ihm im Seehaus bietet. Doch die Statistik zeigt: Wer seine Haftstrafe im Seehaus erlebt, hat größere Chancen, aus dem Dunstkreis der Kriminalität auszubrechen und in die Gesellschaft hineinzufinden.

Bundesweit stößt das spezielle Konzept des Seehauses deshalb auf viel Interesse. Nicht nur bei Experten, Juristinnen, Staatsanwälten, Polizisten oder Pädagoginnen. Interesse am Strafvollzug in dieser besonderen Form hat auch die Öffentlichkeit. Entsprechend häufig berichten Zeitungen und

Magazine, private und öffentlich-rechtliche Sender über das Seehaus. Dass Kamerateams oder Journalisten mit Aufnahmegerät und Schreibzeug im Seehaus unterwegs sind, ist eher die Regel als die Ausnahme.

Tobias Merckle scheut zwar als Person die Öffentlichkeit und sieht lieber seine Projekte im Mittelpunkt der Berichterstattung. Doch das erstaunlich große Medienecho auch über lange Zeit hinweg ist ganz und gar in seinem Interesse: Die Seehaus-Idee soll sich nämlich verbreiten, findet er. Sie könnte so oder so ähnlich auch anderswo umgesetzt werden.

Das Seehaus Leipzig (gegründet 2011) war dazu bereits der erste Schritt. Weitere Projekte sind in Planung. Tobias Merckle ist eben nicht Phantast, sondern „Unternehmer". Einer mit langem Atem, der sich nicht gleich anderen Themen zuwendet, wenn sich mal ein Projekt nicht sofort in die Tat umsetzen lässt.

Gut möglich, dass in weiteren 20 Jahren an gleich mehreren Standorten in Deutschland neue „Seehäuser" entstanden sind. Tobias Merckle jedenfalls – dann irgendwo um die 70 – wird sich auch in gereifterem Alter ganz sicher weiterhin für Menschen einsetzen, die Gott ihm ans Herz gelegt hat. Gut möglich, dass er auch dann noch im Seehaus lebt und von da aus Gutes anstößt und umsetzt. Und dass man dem dann schon etwas älteren Herrn immer noch nicht ansieht – zumindest nicht auf den ersten Blick – wie viel er im Laufe seines Lebens bewegt hat und bewegt. Damit möglichst viele Menschen eine Chance bekommen.

6.
Leben pur

Es ist eine Idylle: Hügel und Wälder, Wiesen und Apfelplantagen, Parkanlagen und Barockhäuser. Vom Aussichtspunkt in Stockach sieht man den Bodensee und bei klarer Sicht ziehen die Schweizer Alpen scharfe Kanten in den Himmel.

Dort lebt Thomas mit seiner Frau und den vier Töchtern. Sie sind umgeben von Schönheit und Familienglück, und auch wenn der Alltag seine Mühen hat, würde Thomas sagen, dass sie gesegnet sind.

Thomas arbeitet zunächst als gelernter Molkereimeister, doch dann berührt ihn der christliche Glaube und er studiert Theologie. Er wird Pastor und Lehrer für Seelsorge. Die Sache mit Gott ist für ihn eine Lebensentscheidung, ein Lebensmotiv, ein Lebensgrund.

Es ist ein überwältigender Moment, als er seine drittgeborene Tochter Michaela im Bodensee tauft. Michi ist 17 Jahre alt und eine selbstbewusste junge Frau. Ihr Motorroller gibt ihr ein Stück Freiheit in der ländlichen Bodenseeregion. Die Eltern vertrauen Michi und sie wissen, dass ihre Tochter verantwortungsvoll mit ihrer Unabhängigkeit umgeht. Freiheit pur.

Es ist Sommer. Es ist Nacht. Zwei Polizisten und ein Notfallseelsorger haben Thomas und seine Frau aus dem Schlaf geklingelt. In der Dunkelheit hört das Ehepaar die Worte: „Ihre Tochter hatte einen Unfall mit dem Roller. Ein Autofahrer kam auf ihre Fahrbahn und hat sie frontal erfasst. Machen wir es kurz: Sie hat nicht überlebt."

Die Nachricht zerfetzt das Jetzt, schreddert die Herzen der Eltern und Schwestern und hinterlässt ein Vakuum in ihren Seelen. Schmerzen pur.

Die Tochter stirbt mitten in der Nacht allein auf der Straße, weil der Unfallverursacher flüchtet. Nach und nach klärt sich der Unfallhergang. Der Fahrer fuhr feiertrunken nach einem Fußballspiel nach Hause. Als seine Freundin ihm die Tür aufmachte, war ihr klar, dass etwas vorgefallen sein musste. Er wirkte verstört und sie drängte ihn, dass er sich bei der Polizei melden müsse. Es war nicht das erste Mal, dass Andreas alkoholisiert Auto fuhr.

Aus den spärlichen Antworten zum Unfallhergang mutieren in Thomas Fragen und Was-wäre-wenn-Sätze. Wenn Michi nur früher losgefahren wäre ... wenn Michi doch bei ihrer Freundin übernachtet hätte ... wenn Michi nicht auf der Brücke gewesen wäre, hätte sie ausweichen können ... wenn der Fahrer nicht gefeiert hätte ... wenn seine Fußballmannschaft nicht gewonnen hätte ... wenn ... dann ... wäre. Ohnmacht pur.

Der Schmerz kleidet Thomas in dunkle Gewänder und zieht ihm ein enges Leiberl nach dem Nächsten über. Die Trauer schnürt sich um seinen Brustkorb und nimmt ihm die Luft zum Atmen. Wie ein Lumpensammler buckelt Thomas und ächzt unter der Last, weil Michi keine Zukunft haben darf, weil Gott nicht eingegriffen hat und weil der Fahrer schuldig geworden ist.

Nicht einmal den Kopf kann Thomas heben, um nach vorn zu schauen. Er fühlt sich alt und gebrochen. Thomas weint. Er weint viel. Seine Tränen sickern durch die vielen Schichten, die er trägt, aber sie spülen auch eine Sehnsucht in sein Herz: „Gott, lass mich irgendwann wieder von der Schönheit des Glaubens reden."

Wenn ihn Menschen in den Arm nehmen, schweigen und mitweinen, dann tröstet es ihn. Trauer pur.

Sollte er mit dem Fahrer Kontakt aufnehmen und Vergebung anbieten? Das macht doch ein *guter* Christ, oder nicht? Zwei Monate sind seit dem Unfall vergangen, und Thomas versucht über einen Bekannten des Unfallverursachers mit diesem Kontakt aufzunehmen. Er fühlt sich großmütig und auch etwas stolz, dass ihm das gelingt. Der Fahrer antwortet nicht. Schweigen pur.

Thomas fühlt sich ertappt. Seine Vergebungsgeste wäre zu früh und sogar billig gewesen, denkt er sich. Er ist noch nicht so weit – er muss klagen. Wahrscheinlich ist der Fahrer auch noch nicht so weit – er muss die Schuld erkennen.

Thomas klagt und weint, seufzt und schimpft. Er ist ein emotionaler Mensch, der nicht seine Gefühle versteckt, wenn sie sich durch seine Schichten drängen. Wenn er selbst keine Worte findet, leiht er sie sich aus den biblischen Psalmen oder von Hiob. Er fühlt sich mit ihm verbunden und nach Monaten kann er Hiobs Worte sagen: „Gott, sorge du für mein Recht."

Noch immer flattern die Rachegefühle an ihm wie ein löchriges Hemd. Niemals könnte er die Löcher flicken, weil jeder Hassgedanke ein neues reißen würde. Mühsam erinnert sich

Thomas an das, was er als Pastor predigt und als Lehrer unterrichtet. Plötzlich packt ihn ein unerhörter Gedanke: Wenn Gott richtet, ist das nicht furchtbar für den Unfallverursacher? Und überhaupt, leidet der Fahrer nicht schon genug an seiner Schuld?

Diese Fragen ermöglichen Thomas einen Perspektivenwechsel und schenken ihm Mitgefühl. Er beginnt, für Andreas zu beten, und es ist, als sei ihm eine Last von den Schultern gerutscht. Thomas will ehrlich sein, so ein Unfall hätte ihm auch passieren können. Er war doch auch schon mal mit einem Bierchen zu viel unterwegs gewesen. Thomas übt mit sich, was er sonst seinen Schülern vermittelt: Empathie. Das löcherige Rachegewand legt er ab und streift sich dünne Schichten von Dankbarkeit über. Er ist dankbar, dass es Michi geben durfte, dass er ihr Vater sein durfte, dass sie sein Leben so reich gemacht hatte. Dankbarkeit pur trotz Trauer.

Thomas akzeptiert die ambivalenten Gefühle und spürt, dass etwas in ihm in Bewegung kommt. Es ist Lebenstrotz und Lebensmut. „Michi fehlt, aber ich habe doch noch drei Töchter. Ich weigere mich, dass diese Erfahrung unser Leben zerstört."

Seine Frau und Kinder verarbeiten den Schmerz ganz unterschiedlich, mal laut, mal still, mal gemeinsam, mal allein. Die eine hadert mit Gott. Die andere findet Geborgenheit bei Gott. Thomas gesteht sich ein, dass sein Gottesbild splittert. Plötzlich ist nichts mehr klar. Wo ist er denn, der Gott, der nie müde wird und nicht schläft und für uns sorgt (nach Psalm 121)?

Die Sehnsucht nach der Schönheit des Glaubens lässt ihn nicht los. Ein Polizeibeamter, der am Unfallort war, bittet Thomas um ein Gespräch, denn diese Nacht war für ihn auch besonders. Schrecklich und schön zugleich.

„Dort, wo Ihre Tochter lag, war es ... bitte entschuldigen Sie meine Worte ... an dieser Stelle war es schön und ruhig. Als wäre eine Glocke über Ihrer Tochter gewesen."

Hatte Gott doch nicht geschlafen? Hatte er sich um Michi gekümmert, nur anders als es sich Thomas erhofft hatte? Die Splitter seines Gottesbildes fügen sich und es entsteht ein neues Bild mit Rissen und Schrammen, aber auch mit Reflexionen. Hoffnung pur.

Der Urteilsspruch liegt schon lange zurück und lautete: fahrlässige Tötung mit Fahrerflucht. Thomas erfährt, dass Andreas suizidal ist und die Haft in der Psychiatrie abgesessen hat.

Die Familie erhält für Michis Tod ein Schmerzensgeld von 3.000 Euro. Sie spenden es einer sozialen Einrichtung. Für Thomas ist klar, dass es keine Gerechtigkeit durch ein Urteil geben kann und kein Geld könnte den Verlust mindern. Intensiv hat Thomas die Themen Schuld und Anklage, Versöhnung und Gnade bearbeitet. Er erkennt: „Der Schuldspruch muss der Vergebung vorausgehen, sonst wird Vergebung billig. Ob Schuld eingesehen wird oder nicht, spielt für Vergebung keine entscheidende Rolle. Sie wird vom Vergebenden innerlich vollzogen. Ein Schuldeingeständnis erleichtert die Vergebung und vor allem den weiteren Schritt zur Versöhnung."

Nach neun Jahren wagt Thomas erneut eine Kontaktaufnahme. Er schreibt an Andreas einen Brief und stellt die

Frage: „Wie geht es Ihnen mit der Schuld am Tod unserer Tochter? Ich möchte Ihnen die Hand der Versöhnung reichen."

Er antwortet und schreibt, dass ihn die Schuld schon sehr lange quält und ihm die Luft zum Atmen nimmt, dass er Angst vor Racheattacken hat, dass er nicht weiß, was er Michis Familie hätte schreiben sollen. Je mehr Zeit verging, umso unfähiger fühlte er sich, der Familie zu begegnen.

Thomas ergreift die Initiative, um ein Treffen zu ermöglichen und die unterschiedlichsten Gefühle randalieren in ihm. Wird er die Beherrschung verlieren? Wird er in Tränen ausbrechen?

Die Begegnung hat sehr bewegende Momente. Andreas ist überwältigt: „Und jetzt fragen Sie mich, wie es mir geht? Ich hätte Sie doch fragen müssen, wie es Ihnen geht!"

Sie reden miteinander und lassen kein Thema aus. Zwischen den Männern entsteht eine Verbundenheit. Michi ist die Verbindung. Wenn Thomas' Schmerz einem Lumpensack gleicht, dann ist Andreas' Last wie eine Rüstung. Sie fesselt, lähmt und erdrückt ihn.

Thomas wird von einem Weggefährten von Michi gefragt, ob es ihm lieber gewesen wäre, wenn es Michi nicht gegeben hätte. So nach dem Motto: Keine Michi, kein Schmerz. „Niemals würde ich die 17 Jahre mit meiner Tochter Michi hergeben. Lieber akzeptiere ich den Schmerz, als dass es sie nie gegeben hätte!"

Eine stille, tiefe Dankbarkeit breitet sich in ihm aus. „Ich bin dankbar, dass ich Michi 17 Jahre lang kennen durfte. Die Trauer bleibt Teil meiner Biografie, aber sie ist nicht alles."

Thomas weigert sich, darauf reduziert zu werden, nur der Vater zu sein, dessen Tochter getötet wurde. Er hat doch noch drei andere Töchter und eine Frau und inzwischen auch Enkelkinder. Er will nicht der Mann sein, der nur über dieses eine Erlebnis definiert wird. Natürlich kennen die Menschen in seinem Umfeld die Geschichte, doch Thomas trägt sie nicht wie ein Aushängeschild vor sich her.

Von einem jungen Mann aus der Kirchengemeinde wird er gefragt, ob er das Seehaus kennt. Er selbst habe dort den Strafvollzug in freien Formen durchlebt. Das Seehaus habe ein Programm, dass sich Opfer-Täter-Ausgleich nennt und ob Thomas dort seine Geschichte erzählen würde?

Thomas hatte den Perspektivwechsel geübt und sich vorgestellt, wie es Andreas mit der Schuld geht. Täter müssen die Perspektive wechseln, um Mitgefühl für ihre Opfer zu entwickeln. Was hat die Tat im Leben des Opfers und ihren Angehörigen angerichtet? Jede Schuld hat Konsequenzen.

Thomas lässt sich darauf ein. An sechs Abenden erzählt er seine Geschichte im Seehaus. Sie wird Teil des Programms im Opfer-Täter-Gespräch. Die jungen Männer werden aufgefordert, einen Ausgleich für ihre Tat zu suchen. Das könnte soziales Engagement sein oder ein Brief an die Opfer oder etwas Symbolisches.

Thomas berührt diese Idee. Er überlegt, wie ein Ausgleich für Michi aussehen könnte. Damals hatte das Bestattungsunternehmen an der Unfallstelle ein Holzkreuz aufgestellt. Inzwischen ist es verwittert. Thomas tritt mit der Bitte an Andreas heran, ob er ihm ein neues Holzkreuz zimmern und aufstellen würde.

Andreas ist Zimmermann und er nimmt die Bitte sehr ernst. Er baut das Kreuz. Er nimmt das alte ab. Er richtet den Ort her. Er baut das neue Kreuz auf. Seine Freundin begleitet ihn und erzählt, wie sehr es Andreas bewegt hatte. Es brachte etwas in ihm in Bewegung. Er weinte und lachte zugleich. Es war Reue und Heil. Es war erlebte Vergebung, die ihm eine schwere Last abnahm und himmelleichte Freiheit schenkte.

Über Facebook erreicht Thomas einige Zeit später eine Freundschaftsanfrage von Andreas. Thomas zögert. Wollte er wirklich „Freundschaft" mit dem Mann? Wenn sie sich unter anderen Umständen getroffen hätten, wären sie vielleicht Freunde geworden ... aber so?

Nach einiger Bedenkzeit nimmt Thomas die digitale Freundschaft an. Die Männer treffen sich sporadisch im echten Leben.

Fast 20 Jahre sind seit Michis Tod vergangen. Sie wäre jetzt Mitte 30, vielleicht hätte sie selbst Familie oder hätte ... oder wäre ... Der Konjunktiv ist Teil von Thomas' Trauer. Wenn die Tränen über sein Gesicht rinnen, dann ist das so. Wenn sich Trauer über ihn legt, dann ist das auch so.

Das Lumpengewand aus Schmerz, Hass, Ohnmacht, Schwermut und Zweifel hat Thomas abgestreift. Nicht alles auf einmal, sondern nach und nach. Trauer braucht Zeit. Klage braucht Raum. Schuld braucht Einsicht. Vergebung braucht Mut. Versöhnung braucht Vertrauen. Jesus hat es ihm vorgelebt!

Thomas vertraut. Leben pur.

7.

Sachsens Nummer 1

Bei meinem ersten Kontakt mit Marcel fällt mir ein altes Schwarz-Weiß-Foto ins Auge, das er in seinen Status in den Sozialen Medien gestellt hat.

„Deine Großeltern?“, frage ich arglos. Marcel lacht über meine Unkenntnis.

„Ne, das sind Bonnie und Clyde.“ Das berühmt-berüchtigte Gangster-Duo. Zu Beginn des 20. Jahrhunderts zogen die zwei legendären Ganoven durch die USA, überfielen Tankstellen und Banken. Töteten eine ganze Reihe von Polizisten, die sich ihnen in den Weg stellen wollten.

Seltsame Vorbilder, denke ich noch. Da lächelt Marcel mich so freundlich an, dass ich den leisen Humor in seiner Aktion entdecke: Mit dem „Bonnie und Clyde-Leben“ will dieser junge Mann absolut nichts mehr zu tun haben.

„Im Getto“ sei er aufgewachsen, erzählt mir der sympathische 32-Jährige in breitem Sächsisch. In einem Plattenbau in Chemnitz. Geboren in denkbar schlechte Verhältnisse hinein. Alkohol und Gewalt prägen ihn seit frühester Kindheit. Marcels Eltern hängen beide am Alkohol. Etliche Verwandte hätten sich „totgesoffen“, berichtet Marcel nüchtern und knapp. Viele Menschen dieser Generation kamen nicht klar mit den Auswirkungen der Wende, dem Zusammenbruch vieler DDR-Firmen, dem Ende des Kohlebergbaus in der Region.

Alkohol und Gewalt als prägende Erinnerungen an die Kindheit? Gab's denn auch irgendwelche schönen Erfahrungen in den ersten Lebensjahren? „Ja, schon", antwortet er. Einmal sei er mit der Arbeiterwohlfahrt in ein Ferienlager gefahren, das sei der Höhepunkt seiner Kindheit gewesen. Offensichtlich der einzige.

Der Tiefpunkt beziehungsweise die Tiefpunkte: die immer neuen Prügel, die sein Vater ihm verpasst. Mit dem Gürtel, dem Kochlöffel, dem Teppichklopfer, der Faust. „Solang ich denken kann, schlug mein Vater zu", berichtet Marcel stockend. „Auch meine Mutter hat Schläge bekommen. Besonders viele aber habe ich abgekriegt. Mit Grund oder ohne Grund."

Als Marcel sechs Jahre jung ist, warten zwei neue Erfahrungen auf ihn: Er muss zur Schule gehen. Und er muss sich von jetzt an „auf der Straße" zurechtfinden. Zu Hause kann er sich zwar etwas zu essen besorgen, viel mehr an Zuwendung oder Begleitung aber kann er nicht erwarten. Sein Leben spielt sich immer mehr draußen ab, zwischen den Wohnblocks. Mit einer Gruppe von anderen Jungs aus ähnlich zerrütteten Verhältnissen streift er durch die Gegend. Und macht jede Menge Blödsinn. „Klingelputzen" an den vielen Türen der Wohnblocks gehört dabei zu den harmloseren Streichen der Jungs.

In der Schule kommt Marcel nicht gut klar. Er fühlt sich gemobbt, weil manche der anderen Schüler sich über ihn beschweren: „Der stinkt ja." In seiner Hilflosigkeit tut er, was er von seinem Vater gelernt hat: zuschlagen. Prompt wird er in die Parallelklasse versetzt. Eine erste Strafe, der im Laufe seines Lebens noch viele folgen werden.

Dann kommt der Schritt in die weiterführende Schule. Marcels Noten werden immer schlechter. In der Schule setzt es Tadel und Verweise. Und zu Hause Prügel.

Da wundert es nicht, dass Marcel sich immer öfter aus der Wohnung der Eltern davonstiehlt, um mit den Kumpels abzuhängen. Als die Jungs in einem alten Fabrikgebäude mit Zwillen Schießübungen machen, entdeckt sie die Polizei. Die Dreikäsehochs werden verwarnt und von einer Polizeistreife zu Hause abgeliefert. Für Marcel bedeutet das: Wieder einmal wird er durchgeprügelt.

„Aus dir wird nichts!", hört er wieder und wieder. Von den Eltern. Genauso auch von Lehrerinnen und Lehrern.

Als Marcel etwa 13 Jahre alt geworden ist, dient ihm die Gang auf der Straße als Ersatz für die versagende Familie. Jeden Freitag trifft man sich, trinkt „Cola-Bier", flirtet mit den Mädchen, geht zum Fußball.

Aus „Heimatliebe" wird Marcel dabei zum Fan des Chemnitzer FC. Hier im Block 6 – wo die harten Fans sich treffen – rutscht er immer mehr in die rechte Szene hinein. Erst bei den „Ultra Youngsters". Später bei den Hooligans der „NS-Boys", der sogenannten „New Society Chemnitz". Eine Gruppe von Neonazis aus der extremen Rechten.

Für Politik habe er sich nie interessiert, beteuert Marcel. Obwohl er im kleinen Kreis schon das eine oder andere Mal den Arm zum Hitlergruß erhoben habe. Die Gruppe ist attraktiv für ihn, weil er in einigen älteren Mitgliedern Vorbilder für sich entdeckt. „Cool" findet er sie,

„humorvoll". Sie hätten immer mal ein gutes Wort für ihn übriggehabt.

Mehrere Jahre lang hält er sich im Umfeld der Rechtsextremen auf. Er besucht auch selbst ein paar Demos. Mag ihre vom Verfassungsschutz verbotene Musik. Als er zum ersten Mal ein Album der Rechtsrockband „Landser" hört, ist Marcel begeistert.

„Der Hass in dieser Musik hat mir einfach gefallen", schwärmt er. Denn Marcel findet darin seine eigenen Gefühle widergespiegelt. Seinen Hass gegen den Vater, gegen Andersdenkende, gegen Fans anderer Fußballclubs, gegen die Gesellschaft.

Doch bei aller Nähe zu den Ultrarechten – so richtig taucht Marcel in ihre Szene und ihre Einstellung nicht ein. Ganz bewusst lässt er sich nicht mit den in der Szene üblichen germanischen Runen tätowieren. Ganz bewusst hält er auch Kontakt zu anderen Gruppen, zum Beispiel zu Hip-Hoppern, deren Alltag vor allem aus Kiffen und Rapmusik besteht.

Von Drogen lässt Marcel im Wesentlichen die Finger. Seine Probleme aber sind der Alkohol, die Gewalt und immer mehr die Kriminalität. Schon als Kind wird Marcel mehrfach von der Polizei erwischt: Beim Schwarzfahren in der Bahn. Bei Ladendiebstählen. Bei Körperverletzungen. Doch weil er noch so jung ist, werden die Verfahren jeweils eingestellt. Mit 14 kommt dann die erste Anklage. Marcel wird zu Sozialstunden verurteilt. Die arbeitet er brav ab. Wirkung hat diese Strafe allerdings keine auf ihn.

In der 9. Klasse wird sein Notendurchschnitt so katastrophal, dass er die Schule schmeißt. Ohne Abschluss. Noch muss er zu Hause bei den Eltern leben. Prügel aber setzt es dort keine mehr. Denn Marcel hat irgendwann angefangen zurückzuschlagen. In der daraus folgenden Prügelei hat ihm der Vater zwar die Nase gebrochen, aber seitdem hat Marcel Ruhe.

Trotzdem nutzt er die erstbeste Gelegenheit und zieht mit 16 von zu Hause aus. Seine Freundin lässt ihn mit in ihrem WG-Zimmer übernachten. Dass er gewalttätig ist, schreckt die Freundin nicht ab, im Gegenteil.

„Die fand gerade das richtig attraktiv, dass ich kriminell war", erinnert sich Marcel.

Er beginnt eine Lehre als Metallbauer, die er nach dreieinhalb Jahren tatsächlich mit Erfolg abschließt. „Nebenher" beschäftigt er sich mit Einbrüchen, EC-Karten-Betrug und weiteren Verbrechen. Immer öfter wird er bei Straftaten erwischt, immer länger wird die Liste seiner Straftaten: Raub. Fahren ohne Fahrerlaubnis. Fahrerflucht. Erschleichen von Leistungen. Körperverletzungen.

Zwei Jahre und sieben Monate, so lautet das Urteil, das Marcel für diese lange Liste schließlich bekommt. Seine Freundin lässt sich davon nicht abschrecken. „Ich warte auf dich", verspricht sie ihm, als er im Jahr 2011 in die Jugendstrafanstalt Regis-Breitingen zwischen Halle, Jena und Chemnitz kommt.

Drinnen im Knast erlebt er schon in der ersten Nacht den Gefängnisalltag von seiner schlimmsten Seite. Beim Streit um eine Schachtel Zigaretten wird ein Mithäftling von anderen auf der Toilette zusammengeschlagen. Mit der Klobürste werden ihm die Zähne „geputzt". Marcel erschrickt über das Maß an Gewalt, das hier herrscht. Nach außen hin aber macht er auf cool. Und nimmt sich vor: „Wird schon werden, das steh ich durch."

Die Wendung in seinem Leben bahnt sich in Form eines Flyers an, den er von einem Gefängnismitarbeiter bekommt. Er weist auf die Möglichkeit eines offenen Strafvollzugs im damals frisch gegründeten Seehaus Leipzig hin. Marcel ist begeistert. Auch wenn er sich zunächst nur für die Aussicht interessiert, auf diese Weise schneller zu einem „Freigang" zu kommen.

„In einem Monat komme ich dich besuchen", prahlt er vor seiner Freundin. Mit Sozialarbeitern hat er schon seit seinem 14. Lebensjahr viel zu tun. Er ist fest davon überzeugt: „Ich zeig denen, wo's langgeht." Genau das nimmt er sich für seine Zeit im Seehaus vor.

Zwei Monate nach Haftantritt steht der Wechsel an. Und Marcel erlebt erst einmal einen „Kulturschock". Schon der morgendliche Frühsport im Seehaus ist eine gewaltige Herausforderung für ihn. 110 Kilo bringt er auf die Waage, als er im Seehaus ankommt. Kondition hat er keine. (Als er das Seehaus verlässt, wird er nur noch 86 Kilo wiegen.)

Und auch die anderen Regeln machen ihm eine Menge aus: Keine Gewalt. Keine Schimpfwörter. Kein Angeben mit Straftaten. Kein Alkohol.

„Das erste halbe Jahr war echt hart", gibt Marcel zu. „Aber eines Tages saß ich auf dem ‚heißen Stuhl' und wurde von den anderen ‚Jungs' und den Therapeuten mit meinen Taten und mit meiner Einstellung dazu konfrontiert. Da habe ich zum ersten Mal kapiert, dass mein Leben nicht so weitergehen kann."

Marcel braucht viele Gespräche, um zu einer neuen Einstellung zu finden, ein neues Denken einzuüben. Das Seehaus bietet ihm den richtigen Rahmen dafür. In seiner Kindheit und Jugendzeit hat er nie einen Spieleabend im Familienkreis erlebt, nie einen Ausflug zu einem schönen Ziel in der Gegend gemacht. Jetzt aber gehört all das zu seinem Leben. Er beginnt, solche Formen von Gemeinschaft zu genießen.

Mit dem christlichen Glauben, der für die Mitarbeiterinnen und Mitarbeiter Grundlage und Motivation für die Arbeit mit Strafgefangenen ist, kann Marcel nichts anfangen.

„Aber das hat niemanden gestört", berichtet er.

Immer mehr gelingt es ihm, sich an die harten Regeln im Seehaus zu gewöhnen. In der Hierarchie der Seehaus-Jungs erobert er sich dadurch immer größere Freiheiten. Bekommt immer mehr Verantwortung übertragen. Auch den Realschulabschluss holt er nach.

Der Marcel, der 2012 das Seehaus verlässt, ist ein völlig anderer Typ als der, der ein Jahr und vier Monate zuvor aus der Jugendstrafanstalt dorthin gewechselt war. Der „neue" Marcel nimmt sich fest vor, sein Leben ohne Gewalt und ohne Kriminalität auf die Reihe zu kriegen.

Zunächst lässt er sich deshalb ein Vierteljahr lang Zeit, um seine Alkoholsucht mithilfe von Experten anzuschauen und zu besiegen. Danach startet er eine Umschulung zum Anlagenmechaniker. Und schließt als bester der Lehrlinge ab.

2018 heiratet Marcel die Freundin, die so lange treu zu ihm stand. Mit Unterstützung ihrer Familie kauft sich das junge Paar ein renovierungsbedürftiges Haus. Investiert eine

Menge Geld und Zeit hinein. Doch die gewaltige Anstrengung schadet der Beziehung.

„Wir haben uns in der Zeit einfach auseinandergelebt", sagt Marcel verlegen.

Kurze Zeit später erlebt er einen Komplettabsturz. Sämtliche gute Vorsätze beginnen mit dem Ende seiner Ehe zu bröckeln. Nachdem er einige Jahre lang trocken war, fängt er wieder an zu saufen. Er verliert nicht nur Haus und Frau, sondern auch den Boden unter den Füßen. Viermal erwischt ihn die Polizei mit Alkohol am Steuer, mit bis zu 2,7 Promille im Blut. Der Führerschein ist damit fürs Erste weg. Und der Job auch.

Vorübergehend haust Marcel in der Garage eines Freundes.

„Abstürze gehören zum Leben", verteidigt sich Marcel. Und macht doch gleichzeitig deutlich, wie schlimm diese Zeit für ihn war.

Noch einmal wagt er eine Therapie, um seine Alkoholsucht zu bekämpfen. Diesmal mit anhaltendem Erfolg. Heute sei er absolut trocken, beteuert er. „Ich wäre schön blöde, wenn ich all das aufs Spiel setzen würde, was ich inzwischen erreicht habe."

Marcel hat eine neue Freundin gefunden. Sie und ihre drei Kinder bilden jetzt die Familie, die ihn hält und stützt und um die er sich gerne kümmert. Seit November 2011 arbeitet er als Kundendienstmonteur im Bereich Sanitär. Er wartet und repariert Heizungen in Einfamilienhäusern oder Hotels und ist dafür mit dem Firmenwagen deutschlandweit unterwegs. Dabei verdient er gutes Geld und freut sich darüber, dass sein Chef zufrieden ist.

„Ohne das Seehaus wäre ich heute immer noch im Knast", ist Marcels Fazit. „Dort hat sich alles bei mir verändert: Meine Einstellung zum Leben. Mein Umgang mit anderen Menschen. Dort habe ich gelernt, Konflikte ohne Gewalt zu lösen. Und auch begriffen, dass ich durchhalten muss und nicht gleich aufgeben darf, wenn ich ein Ziel erreichen möchte."

Marcel hat Geschichte geschrieben. Als erster Straftäter hat er die „harte Schule" im Seehaus Leipzig durchlebt. Erfolgreich, wie er heute trotz seines „Zwischentiefs" feststellen kann.

Marcels Weg ist nicht der Weg von Bonnie und Clyde. Und darauf ist er durchaus ein bisschen stolz.

8.

Es gibt einen Weg

Schon vor unserem ersten Treffen schreibt mir Hannah E-Mails mit Buchempfehlungen und Fragen zum Ablauf unseres Interviews. Sie möchte sich vorbereiten, und ich spüre ihr Bedürfnis, dass auch ich mich wappnen sollte. Es ist wie eine Reisevorbereitung: planen und informieren, Listen erstellen, um nichts zu vergessen. Für eine kurze Zeit werde ich Hannahs Weggefährtin sein. Ich begleite sie durch ihre Erinnerungen. Sie lässt mich sehen, was sie erlebt hat. Sie lässt mich ihre Empörung, Wut und Hoffnung spüren. Gemeinsam gehen wir ein paar Schritte auf ihrem Lebensweg, der doch so vielversprechend beginnt, als ein begabter und anerkannter Musiker ihr die Tür öffnet.

„Du darfst Teil unserer Familie sein."

Dieser Satz schenkt der jugendlichen Hannah einen Lichtblick. Sie ist traurig und einsam. Ihre Großeltern, bei denen sie aufgewachsen ist, sind verstorben. Die Mutter versinkt in einer Depression, findet nur selten ein gutes Wort für ihre Tochter und der Vater flüchtet sich in seine Arbeit. Hannah will nicht in diesem Zuhause bleiben, das keines ist.

„Du darfst Teil unserer Familie sein" ist eine Einladung in ein neues Leben und *er* hat ihn gesagt. *Er* – der Künstler, die

Koryphäe, das Musikgenie. Wie sehr Hannahs Onkel von *ihm* schwärmt ... und als der Onkel Gäste für ein Grillfest einlädt, darf Hannah *ihm* begegnen. Sie ist aufgeregt und ihre Nervosität steigert sich, als *er* ihr erlaubt, auf ihrem Instrument vorzuspielen. *Er* sieht ihr Talent und entscheidet sich, sie zu fördern.

Hannah ist 14 Jahre alt und dankbar, dass ihr Leben eine positive Wendung nimmt. Zwar wohnt sie noch bei ihren Eltern, ist aber oft zu Gast bei ihrem Onkel und noch viel häufiger bei *ihm* und seiner wunderbaren, glücklichen und schönen Familie. Vater, Mutter, Sohn und Tochter. *Er* unterrichtet sie in seinen privaten Räumen und sagt immer wieder, wie besonders sie sei, wie begabt und wie hübsch. Solche Worte hat Hannahs Mutter nie gesagt, aber *er* – der Väterliche, der Lehrer, der Mentor.

„Wenn du nur machst, was ich sage, dann ..."

Wie oft hört sie diesen Satz? Diese Worte ziehen tief in ihre Seele ein und all ihr Denken und Handeln richtet sie danach aus. Sie tut, was *er* sagt. Ihre Zukunft als Musikerin liegt in seinen Händen. Bald wird sie so gut sein wie seine wunderbaren, schönen und begabten Kinder.

„Wenn du nur machst, was ich sage, dann ... dann werde ich auch glücklich sein und meine Kinder und meine Frau. Du bist für mein Glück verantwortlich."

Wenn *er* mit ihr Musikstücke übt, macht er seltsame Bemerkungen. Hannah glaubt, es solle komisch sein. Erwachsenenkomik eben. Während des Musizierens korrigiert *er* den Bewegungslauf ihrer Hände und sagt: „Hier muss die Hand eine Kurve machen. Weißt du, ich mag Kurven", und dann schaut *er* auf ihren Busen, „ganz besonders deine Kurven."

Er gibt sich fürsorglich und möchte sie auf ihrem Heimweg begleiten. In einer dunklen Ecke packt er sie, umarmt sie leidenschaftlich und steckt seine Zunge in ihren Mund.

„Ich liebe nur dich. Du bist meine wahre Liebe und das ist unser Geheimnis."

Hannah ist völlig überrumpelt. Ist das ein Test? Nein, *er* meint es ernst. *Er* schenkt ihr seine Liebe und sein Vertrauen. Seine Worte katapultieren Hannah in eine Parallelwelt aus Verschwiegenheit und Verantwortung.

„Schau mal", sagt er, als er sie umarmt. „Ich habe hier so eine Beule in der Hose. Das stört mich beim Gehen, kannst du mir helfen, dass sie weggeht? Ich zeig dir, wie du das machst."

Hannah ist so verschwiegen und verantwortungsvoll, dass sie sofort die Pille nimmt, als *er* es verlangt.

Mit den Musiknoten in der Hand geht sie zu ihrer Unterrichtsstunde. *Er* lässt sie hinein, sperrt die Tür ab und zieht die Vorhänge zu. „Jetzt muss ich dich erst einmal richtig begrüßen."

Er bedient sich an ihr. *Er* befriedigt sich und sie macht *ihn* glücklich. Nach dem Sex putzt sich Hannah ab und schlägt ihr Notenheft auf. Sie musiziert und *er* korrigiert. *Er* – die Autorität, der Weltmännische, der Prominente.

Inzwischen ist Hannah 15 Jahre alt und hat keine Freundin. Niemanden scheint das zu wundern, denn schließlich muss sie viel üben, um auf den Bühnen bestehen zu können. Tatsächlich bekommt sie Auftritte und spielt in großen Konzerthäusern. Es gibt noch mehr, die sind wie *er*. Offenbar gehört es einfach dazu: Musik und Disziplin, Klassik und Grapschen.

Kurz vor einem Auftritt in Portugal geht ein Star, so alt, dass er ihr Großvater sein könnte, hinter der Bühne an ihr vorbei, hält an, greift nach ihren Brüsten und knetet sie. Dann geht er auf die Bühne und lässt sich beklatschten. Völlig geschockt folgt sie ihm und gemeinsam musizieren sie, als sei nichts gewesen. Dabei schlägt ihr das Herz bis in den Hals. Sie fühlt sich überrumpelt. Darf *der* das?

„Das ist eben ein Mann und Künstler. Du weißt ja, die Hormone. Es ist ... nun ja ... eher ein Kavaliersdelikt." Das hört sie, wenn sie vorsichtig nachfragt, wie es anderen Frauen ergeht und sie sich müht, ihre Wut kleinzuhalten.

Über Jahre hat sie mit *ihm* Kontakt. Seine Sexualität ist zügellos und sie fügt sich seinen Bedürfnissen. Es ist ihr überhaupt nicht bewusst, wie pervers das ist. Es gibt keinen Ort, an dem sie keinen Sex haben. Selbst in einer Konzertpause benutzt er sie für einen Quicky.

„Wenn du nur machst, was ich sage ..." Dieser Satz fesselt Hannah. Sie schweigt und tut, was *er* will. Sie schweigt und hat Angst. Sie schweigt und hat keine Wahl. *Er* ist doch ihr Mentor und ihr Wegbereiter für eine Karriere in der klassischen Musik.

Sie redet sich ein, dass sie viel Gutes durch *ihn* erlebt. Seine Kinder mögen sie und umgekehrt. Hannahs künstlerische Fähigkeiten werden besser und besser. Ohne *ihn* wäre sie nicht so weit, oder?

Panische Angst überfällt Hannah bei dem Gedanken, schwanger zu sein. Sie denkt sich Notfallpläne aus wie Flucht oder Suizid. Auf ihrer Seele lasten Scham und Schuld. Sie hasst sich dafür, alle Menschen um sich herum anzulügen, besonders, wenn sie nett zu ihr sind. Sie blendet seine Übergriffe aus oder gibt ihnen das Etikett *wahre Liebe*. Sobald ein neuer Tag beginnt, scheint alles, was Stunden zuvor geschah, surreal zu sein. Passiert das wirklich?

Nach ihrem Abitur bereitet *er* Hannah auf die Aufnahmeprüfung einer Musikhochschule vor. Zu der Zeit wohnt sie allein und abseits in einem Dorf. Die Isolation steigert ihre Einsamkeit und das verstärkt die Abhängigkeit von *ihm*.

Inzwischen ist sie 22 Jahre alt und lebt seit sieben Jahren in dieser Beziehung. Ihre ganze Jugend verbrachte sie in der Nähe eines Mannes, der ihr Vater hätte sein können. Sie hat keine Begegnungen mit Gleichaltrigen, um einen Freundeskreis aufzubauen, um zu feiern, um rumzualbern, um eigene Entscheidungen zu treffen oder um sich abzugrenzen. Dabei hat sie damals, bevor sie *ihn* traf, gespürt, wenn ihr etwas oder jemand nicht guttat. Auf einer Konfirmandenfreizeit suchte ein älterer Junge ihre Nähe. Hannah wollte das nicht und sagte es ganz klar. Was ihr bei diesem jungen Mann gelang, bringt sie gegenüber *ihm* nicht zustande. Das Machtgefälle ist zu groß.

Die Wut grollt in ihr, aber sie bändigt sie. Ihre ganze Kraft bringt sie auf, um Abstand von *ihm* zu gewinnen, und plant ein Auslandsstudium. *Er* wird eifersüchtig, bedrängt sie, nimmt sich, was er für sein Recht hält und befriedigt sich. Wenn sie nicht verfügbar ist, beginnt *er* Beziehungen mit anderen Studentinnen, nur um sie zu ärgern und seine Macht zu demonstrieren. Das soll Hannah umstimmen? Sie fragt sich, wie sie nur jemals denken konnte, dass *er* sie liebt und sie die Einzige für *ihn* sei?

Hannah ist fest entschlossen, mit *ihm* Schluss zu machen. *Er* klagt, dass *er* sich umbringen würde, und alles sei dann ihre Schuld. Dann verschwindet *er* und ist nicht erreichbar. Hannah gerät in Panik und gesteht der Ehefrau und den Kindern, dass sie eine kurze Affäre hatten. Zwei Tage später ist *er* wieder da. Die Familie ist nur wütend auf sie und nicht auf *ihn*.

Ein halbes Jahr später wagt sie es erneut und geht ins Ausland, doch für alles fehlt ihr die Kraft. Sie ist arbeitsunfähig und kann sich nicht konzentrieren. Wenn sie nur daran denkt, wie alles mit *ihm* begonnen hat, wird ihr übel. Zorn und Scham überrollen sie, plätten sie und zerquetschen ihren Lebensmut.

Sie fühlt sich schuldig, unfähig und schwach. Da kommt *er* und bietet seine Hilfe an. *Er* meint es doch gut mit ihr, sie ist doch seine große Liebe – oder etwa nicht?

Hannah lässt sich von seiner Kraft führen und nimmt die Hilfe an. Sie sieht keinen anderen Ausweg und ihre absurde Beziehung wird weitergeführt, wenn auch mit mehr Abstand zwischen den einzelnen Begegnungen.

Und seine Frau? Sie meint, dass es ihr egal sei, was *er* tut, Hauptsache *er* käme immer wieder nach Hause.

„Du kannst doch nicht meine Familie zerstören“, sagt er, wenn sie sich abgrenzen will. Als sie von *ihm* schwanger wird, verspricht *er* finanzielle Unterstützung. Doch Hannah fühlt sich zerrissen von den Anforderungen des Studiums, ihren Zukunftsplänen als Musikerin, der Wut auf *ihn* und dem

Kind, das in ihr wächst. Sie lässt es abtreiben und fällt in eine schwere Depression.

Sie ist 30 Jahre alt, als sie im Freundeskreis ihrer Schwester einen Mann kennen und lieben lernt. Sie heiraten und bekommen zwei Kinder.

Hannahs Mann ist ein sehr leidenschaftlicher Mensch. Sie erzählt ihm alles, sogar von *ihm*. Er hilft ihr dabei, den Kontakt mit *ihm* endgültig zu beenden, und droht *ihm* sogar, falls *er* ihr jemals nahekommt, würde er den Missbrauch öffentlich machen. Dafür ist sie ihm sehr dankbar. Endlich hat sie einen Menschen an ihrer Seite, der für sie einsteht und sie beschützt. Aber nach ihrer Hochzeit wird er oft eifersüchtig und seine Fürsorglichkeit wandelt sich in Kontrollsucht. Erst später entdeckt Hannah, dass er sie überwacht.

Als sie über ihr Handy eine Nachricht bekommt, dass *er* schwer krank sei, hat sie das Bedürfnis *ihn* zu sehen. Vielleicht ist es die letzte Möglichkeit, sich mit *ihm* auszusprechen. Hannahs Ehemann liest die Nachricht und seine Eifersucht entlädt sich in Gewalt. Er tobt und stößt sie. Er droht, ihr die Kinder wegzunehmen. Hannah greift nach ihrem Handy, wehrt zugleich Schläge ab und flüchtet ins Badezimmer. Von dort aus ruft sie um Hilfe. Zwei Freunde müssen ihn festhalten, bis er sich beruhigt.

Es bleibt nicht bei dieser einen Attacke. Immer wenn in ihrem Mann die Aggressionen hochkriechen, müht sie sich, ihn zu beschwichtigen. Sie sucht Lösungen, Widerstand ist keine davon. Einmal hat sie ihr Kleines auf dem Arm, er nimmt ihr das Kind ab, setzt es auf den Boden und stößt Hannah durch den Raum.

Sie wappnet sich und nimmt Kontakt zum Frauenhaus auf. Für den Notfall packt sie eine Tasche und speichert die Telefonnummer des Frauenhauses im Handy. Sie hofft, dass sie das alles nicht braucht. Doch es kommt anders. Er wird wieder aggressiv.

In einem unbeobachteten Moment nimmt sie die Kinder und ihre Tasche und flüchtet. Im Frauenhaus sieht sie, wie es Frauen ergeht, die sich gewehrt haben: Blutergüsse und ausgeschlagene Zähne. Manche Frauen werden frühmorgens mit ihren Kindern unter Polizeischutz in eine weit entfernte Stadt gebracht, um dort unter Decknamen ein neues Leben aufzubauen.

Hannah kann nicht begreifen, in was für eine Situation sie geraten ist. Sie hat sich aufgelöst. Sie hat keine Grenze, keinen Schutzraum, keine Perspektive.

Zum Glück unterstützen sie zwei treuen Freundinnen und ihre Schwester. Endlich will Hannah das Leben selbst in die Hand nehmen, sich und ihre Kinder versorgen. Sie entschließt sich, Waldorf-Pädagogin zu werden. Es scheint ein guter Plan zu sein, vormittags zu arbeiten und sich nachmittags um die Kinder zu kümmern. In der Ausbildung lernt sie viel über die kindliche Entwicklung und Identitätsbildung. Da fällt ihr auf, wie gestört ihre eigene Kindheit und Jugend verlaufen ist. Gesunde Entwicklungsphasen hat sie nie erlebt, und eine Frage baut sich in ihr auf: Wer bin ich?

Sie beginnt eine Psychotherapie, die mehr als acht Jahre dauert und die ihr hilft, den Alltag zu bewältigen. Und noch viel mehr: Frieden mit dem Vater ihrer Kinder und ihrer Herkunftsfamilie zu schließen. Es ist ein sehr langer und kräftezehrender Weg. Hannah und ihrer Mutter gelingt eine Annährung und gar Versöhnung.

Bei den vielen Schritten, die sie geht, hat sich tief in ihr die Wut eingenistet und zündelt mit ihren Gefühlen. Hannah will das nicht. Eines Tages ist sie fest entschlossen, *ihn* und seine Familie mit ihren Erlebnissen zu konfrontieren. Alles soll gesagt werden! Sie hat das Treffen gut geplant, doch dann zerschlägt ein Zwischenfall ihre Pläne. Soll sie einen neuen Versuch wagen?

Die Tochter von *ihm* sucht immer wieder den Kontakt zu Hannah. Sie ist ihr wie eine Schwester und wenigstens ihr will Hannah von ihrer Vergangenheit erzählen. Doch die Frau wiegelte Hannahs Worte ab und will das Ungeheuerliche über ihren Vater nicht hören.

„Es ist doch nichts passiert."

Doch!, will Hannah schreien. Aber sie schweigt und fasst den Entschluss: „Jetzt kümmere ich mich um mich selbst!"

Sie sucht eine Beratungsstelle für Trauma- und Opferberatung auf und lernt Ingrid Steck kennen. Sie ist Teil des Seehaus-Teams und begleitet Hannah zwei Jahre lang. Sie hört zu und nimmt Hannah ernst. Alles, was von anderen so oft abgewiegelt oder bagatellisiert wird, findet bei Frau Steck Gehör.

Sie hilft, den längst erwachsenen Kindern von *ihm* endlich die ganze Wahrheit des Missbrauchs zu sagen. Das wird das schmerzhafte Ende einer jahrzehntelangen familiären Beziehung sein, die auch viele gute Momente hatte.

Hier in der Beratung erlebt Hannah Zuspruch und lernt, ihre Bedürfnisse zu benennen, Wünsche auszusprechen, Fortschritte wahrzunehmen und Grenzen zu setzen.

Alles kann sie direkt im Alltag üben. Es fällt ihr schwer, Geld von ihren Musikschülern zu verlangen, wenn sie eine Unterrichtsstunde versäumt haben. Dabei ist das vertraglich vereinbart. Hannah übt, auch Unangenehmes anzusprechen.

Rasch merkt sie, dass Waldorfpädagogin nicht der passende Beruf für sie ist. Jeder Schultag erschöpft sie. Sie müht sich, ihr Angebot als Musiklehrerin auszubauen. Je mehr sie sich der Musik widmet, umso mehr muss sie sich den Erinnerungen und Schmerzen stellen, die die Musik in ihr auslösen. Es gibt Lieder, die sie triggern und sie in Situationen katapultieren, in denen *er* sie missbraucht hatte. Sie findet Notenblätter mit Notizen und weiß ganz genau, wann sie das hingeschrieben hatte und wo *er* stand oder was *er* mit ihr gemacht hatte. Sie muss sich einen neuen Zugang zur Musik erarbeiten und will zugleich das Trauma loslassen, das mit der Musik verwoben ist.

Das Trauma gleicht einem schwelenden Feuer. Nur ein Funke oder Luftzug lösen eine Explosion aus. Eine Wutexplosion. Eine Unachtsamkeit im Alltag oder eine Tollpatschigkeit ihrer Kinder sind wie ein Funken, der alles hochjagen könnte. Hannah will nicht die Menschen verletzen, die sie doch so sehr liebt. Sie will nicht, dass diese schwelende Wut ihre Zukunft zerstört.

In der Beratung mit Ingrid Steck begreift sie, dass sie sich verändern kann.

Vergebung scheint der einzige Weg zu sein, um inneren Frieden zu finden, und ihre Beraterin hilft ihr, erste Schritte zu wagen. In dieser Zeit liest und schreibt sie sehr viel. Im Schreiben sortieren sich ihre Gedanken und Gefühle. Im

Schreiben kann sie ihre Fortschritte nachvollziehen. Im Schreiben lösen sich Verzweiflung und Wut. Hannah hat das Gefühl, sich selbst zurückzuerobern. Sie sucht nach Vorbildern und findet sie in den Versöhnungsgeschichten zwischen den Tutsi und Hutu in Ruanda oder in den Niederschriften von ehemaligen KZ-Häftlingen wie Eva Mozes Kor. Sie schrieb: „Vergib deinem ärgsten Feind und vergib jedem, der dir Schmerz zugefügt hat – es wird deine Seele heilen und dich frei machen."

Die Vergangenheit ist ein Teil von Hannah und den möchte sie annehmen, aber sie will auch jetzt leben! Sie lernt, sich selbst zu verzeihen, und verabschiedet sich von Schuld und Scham. *Er* hatte sie ausgenutzt und missbraucht zu einer Zeit, in der sie Halt und Fürsorge gebraucht hätte. Nun hat sich Hannah entschieden, zu vergeben, damit die Bitterkeit nicht ihre Zukunft zerstört. Ihr helfen Verse aus der Bibel oder Zitate von Menschen wie Viktor Frankl, dann fühlt sie sich mit ihren Lebensgeschichten verbunden und diese Verbundenheit tröstet sie.

„Wenn du nur machst, was ich sage, dann ..." Wie sehr hatte dieser Satz sie geprägt und gelähmt. Selbst nach seinem Tod streift *er* noch durch ihre Gedanken, dann eilt sie *ihm* nach und setzt *ihm* Grenzen. Endlich! Hannah ist eine Handelnde und integriert alle Erfahrungen ihres Lebens. Das, was ihr damals an Widerstandskraft gefehlt hat, sieht sie in ihren erwachsenen Kindern und ist stolz auf sie. Sie kämpft mit ihnen, wenn sie sich mühen, ihre Grenzen zu erkennen und zu benennen.

Hannah mischt sich ein, wenn Beiträge im Fernsehen über Missbrauch an Schulen gesendet werden. Sie schreibt den Redaktionen und hakt nach. Sie regt sich auf, wenn junge Frauen in das perfide gespannte Netz von *Lover Boys* geraten. Es muss gesagt werden, dass auch Jugendliche und junge *Erwachsene* durch Missbrauch gefährdet sind. Sie sind nicht dumm oder naiv. Sie tragen keine Mitschuld! Sie werden in einer Situation ausgenutzt, in der sie verletzlich sind.

Noch immer bereitet *er* ihr schlaflose Nächte. Dann wälzt sich Hannah herum und sucht Frieden, indem sie liest und schreibt und betet und vertraut: „Es gibt einen Weg hinaus aus dem Schmerz! Ich bin unterwegs."

9.

Von jetzt an zusammen

Riesen Stimmung in Leonberg. Am 8. September 2012 wird nach allen Regeln der Kunst gefeiert. Erst bei der kirchlichen Trauung. Anschließend mit einem langen Autocorso, bei dem Dutzende von Autos hupend durch die Straßen ziehen. Vorneweg ein LKW mit einem Sofa, auf dem das frischgebackene Ehepaar Platz genommen hat: Andrea (gelernte Zimmerin und studierte Gemeindepädagogin) und ihr Tobi (Garten- und Landschaftsbauer). Zwei Menschen, die zupacken können. Zwei engagierte Christen, die ihre Zeit, ihre Kraft und ihre Liebe nicht nur für sich selbst einsetzen wollen. Zwei, die im Seehaus beschäftigt sind. Die sich hier auch kennengelernt haben. Und die sich ein Leben ohne das Seehaus kaum vorstellen könnten.

Und so ist diese Hochzeit nicht nur ein Familienfest von Winklers. Sondern eine richtig große Sause, bei der mehrere hundert Menschen mitfeiern. Von der Kirche aus zieht sich der lange Zug durch die Leonberger Straßen bis zum Seehaus. Dort angekommen wird in der sogenannten „Arena" (die Tobi einst als Zivildienstleistender hier aufgebaut hat) kräftig gefeiert. Nicht nur gutes Essen steht bereit, auch ein paar originelle Spiele sind vorbereitet, die das handwerkliche Geschick der jungen Eheleute herausfordern: Mit einem riesigen Radlader muss Tobi die Hochzeitstorte anschneiden und Kaffee eingießen. Seine Andrea beweist ihr Vertrauen zu ihm dadurch, dass sie die Kaffeetasse hochhält – dem Radlader entgegen. Viel Beifall ist den beiden sicher, selbst wenn ein paar Tröpfchen nicht dort landen, wo sie hinsollten ...

Andrea und Tobi erzählen mit strahlenden Augen von diesem schönen Tag. Damals begann ihr verbindliches gemeinsames Leben. Und das nur wenige Monate, nachdem sie beide für sich beschlossen hatten: Ich lege mich auf die Mitarbeit im Seehaus fest. Mein Platz ist hier.

Dabei stammen beide gar nicht aus dem Raum Stuttgart. Tobi ist in der Nähe von Freiburg groß geworden. Als Südbadener tut er sich anfangs gar nicht so leicht mit den Schwaben in Leonberg. Andrea wiederum stammt von der rauen Ostalb, aus dem Alb-Donau-Kreis zwischen Ulm und Heidenheim.

Dass Andrea schon mit 25 als Mitarbeiterin im Seehaus landet, hat vor allem einen Grund: Als frischgebackene Gemeindepädagogin sucht sie für ihr Jahrespraktikum keinen nullachtfünfzehn Job, wie ihn Kolleginnen und Kollegen in Kirchengemeinden zu erledigen haben. Sie reizt das Ungewöhnliche, die Herausforderung. Und speziell auch die besonderen Menschen, mit denen sie im Seehaus zu tun hat. Schnell bemerkt sie: Hier sind nicht nur meine Fähigkeiten als Pädagogin gefragt. Hier kann ich auch Kenntnisse aus meinem ersten Beruf als Zimmerin einbringen. In der Seehaus-Zimmerei springt Andrea immer mal wieder ein. Und ist irgendwann auch an der Ausbildung der Seehaus-Jungs beteiligt.

Im Team zu arbeiten und mit anderen zusammenzuleben, das ist Andrea gewissermaßen in die Wiege gelegt. Sie wächst gemeinsam mit acht Geschwistern auf. Als eine der Ältesten unter den Geschwistern übernimmt sie früh Verantwortung für die jüngeren Schwestern und Brüder. Mit dieser Erfahrung im Rücken kann sie im Seehaus vom ersten Tag an sinnvoll mithelfen. In der Wohngruppe, beim Umgang mit den Seehaus-Jungs und eben auch als Handwerkerin. Berührungsängste oder Unsicherheiten gegenüber den verurteilten Straftätern? Nicht bei Andrea. Sie spürt, dass sie die jungen Männer aktiv unterstützen kann bei ihrem Weg in ein Leben ohne Verbrechen.

„Das macht mir Freude“, lächelt Andrea.

Tobi beginnt exakt zwei Tage nach Andreas Start seinen Zivildienst im Seehaus. Die Ausbildung als Garten- und Landschaftsbauer hat er da schon hinter sich. Jetzt soll er – so schlägt es sein Lehrherr vor – ganz schnell das „Freiwillige Soziale Jahr“ absolvieren. Dann zurückkommen und noch seine Ausbildung zum Meister nachschieben. Durch eine Empfehlung landet der Junge aus Südbaden hier im „schwäbischen Ausland“, wie er lachend erklärt.

Und so engagiert sich Tobi als FSJler in der Seehaus-Hausmeisterei. Vom Alter her passt er genau zu denen, die hier einsitzen. Den ganzen Tag über arbeitet er mit ihnen zusammen. Die Abende und die Freizeit verbringt er mit ihnen. Nicht nur ein paar Stunden lang während der Dienstzeit, sondern „24/7“, scherzt Tobi. Rund um die Uhr. Jeden Tag der Woche.

Nacht für Nacht liegt er in einem Mehrstockbett, über ihm und unter ihm je einer der „Jungs“.

So kommt Tobi ihnen sehr schnell sehr nahe. Er erlebt eine Zeitlang mit, wie der junge Mann über ihm Nacht für Nacht von Albträumen gequält wird, weint und im Schlaf um sich schlägt.

Ein anderer, der den „Coolen“ heraushängen und sich nicht an die Regeln halten möchte, bedroht den Neuling Tobi mit einem scharfen Teppichmesser: „Pass bloß auf, dass du heute Nacht nicht zu fest einschläfst“, warnt er und grinst dabei höhnisch. Tobi liegt daraufhin die halbe Nacht wach und betet „wie ein Weltmeister“. Kein leichter Start für den 20-Jährigen vom Land.

Doch solche schwierigen Erfahrungen schrecken Tobi nicht ab, im Gegenteil: Sein Herz schlägt mehr und mehr für die jugendlichen Straftäter. Er will seinen Beitrag dazu leisten, dass sie in ihrer Zeit im Seehaus möglichst gut auf ein Leben ohne Kriminalität vorbereitet werden. Und so lernt er es allmählich, Autorität aufzubauen. Die Seehaus-Jungs akzeptieren und respektieren ihn immer mehr. Zumal als er nach Absprache mit der Leitung damit beginnt, manche der Jungs in Garten- und Landschaftsbau auszubilden. Der Beruf, der ihm selbst viel Spaß macht, gefällt auch vielen der Seehaus-Jungs. So mancher von ihnen packt lieber draußen unter freiem Himmel an, als in einer Werkstatt mit Metall oder Holz zu arbeiten.

Tobi ist während seiner Zivildienstzeit in genau der Wohngruppe aktiv, in der auch Andrea arbeitet. Dadurch lernt er seine Kollegin immer mehr kennen und schätzen. Zieht mit ihr gemeinsam auf dem Motorrad los. Vertraut sich ihr an und hört ihr zu. Ihn beeindruckt es mächtig, wenn er beobachtet, wie Andrea mit einigen Seehaus-Jungs zu einer Baustelle loszieht und mit ihnen einen Dachstuhl auf ein Haus setzt.

„Schade, dass Andrea eine Frau ist und kein Mann. Sonst wäre sie mein bester Freund“, vertraut er seinem Vater an. Doch Schmetterlinge im Bauch spürt er nicht (oder er will sie nicht wahrhaben). Denn eigentlich möchte er eine Freundschaft zu Hause in Südbaden weiter pflegen.

Kurz vor Ende seiner Zivildienstzeit aber gerät sein Lebensentwurf kräftig ins Wanken.

„Tobi, wir könnten dich sehr gut hier im Seehaus gebrauchen“, hört er. Und wehrt sich innerlich erst einmal gegen dieses Angebot. Er soll als Mitarbeiter im Seehaus bleiben und einen Ausbildungsgang aufbauen in Sachen Garten- und Landschaftsbau.

Tobi ringt mit sich. Während seines Jahres im Seehaus ist sein Draht zu Gott immer enger geworden. Jetzt in seiner Unsicherheit, wie es weitergehen soll, wendet er sich an Gott. Er bittet darum, dass er erkennen kann, was richtig für ihn ist und wie er sich entscheiden soll. Nach bewegten Tagen wird ihm klar: Mein Platz ist im Seehaus.

„Ich hab an dieser Weggabelung erkannt: Hier kann ich einen ganz neuen Weg einschlagen. Ich kann mich mit meinen Gaben gut einsetzen und etwas tun für Gottes Reich und für die Menschen.“

Tobi lässt sich mit Haut und Haaren aufs Seehaus ein. Kappt die Verbindung zu der Freundin in der alten Heimat.

Beerdigt fürs Erste den Plan, Meister zu werden. Will ganz und gar da sein für die neue Aufgabe, der er sich verschrieben hat.

Bei Andrea verläuft die Entscheidung fürs Seehaus weniger dramatisch ab. Auch sie spürt, dass sie hier mit ihren Gaben und ihrem Herzensanliegen richtig ist. Und so bleibt auch sie als Mitarbeiterin in der Einrichtung.

Jetzt sind diese Entscheidungen getroffen und jetzt beginnt sich auch die Liebesgeschichte der beiden zu entspinnen.

Andrea, die eine unglückliche Liebe hinter sich hat, traut ihren Gefühlen erst nicht. Außerdem weiß sie nicht, ob der fünf Jahre jüngere Tobi sich überhaupt eine Beziehung zu ihr vorstellen könnte. Wie sehr er sie schätzt, hat er ihr gegenüber bisher noch nie ausgesprochen. So wartet sie erst ängstlich ab, bevor sie ihm eines Tages anvertraut:

„Ich hab mich in dich verliebt."

Tobi findet das „erst mal gar nicht witzig". Er hatte sich doch gerade vorgenommen, Zeit und Freiraum zu haben für die neue Aufgabe, und jetzt das ...

Doch er nimmt Andrea und ihre Gefühle ernst. Gemeinsam mit ihr prüft er die Lage. Für beide ist es selbstverständlich, Gott in ihre Gedanken und Entscheidungen einzubeziehen. Tobi verkriecht sich für ein paar Tage in die Einsamkeit eines Gartenhäuschens. Hier hat er ein ungewöhnliches Erlebnis:

„Gott hat zu mir gesprochen", berichtet er davon, als beschriebe er eine vollkommen alltägliche Erfahrung. Beim Nachdenken und Beten über die Frage, ob er sich eine Freundschaft mit Andrea vorstellen könne, da habe Gott ihm klargemacht: „Die Andrea ist eine tolle Frau. Schau sie dir an. Sie ist besonders, liebenswert, einzigartig.“ Bei Tobi legen sich daraufhin „alle Schalter um“, wie er berichtet.

Seit dem 1. Oktober 2011 sind Andrea und Tobi nicht mehr nur Kollegin und Kollege. Nicht mehr nur WG-Mitbewohner. Nicht mehr nur Motorrad-Freunde. Sondern ein Paar. Und zwar ein schwer verliebtes.

Ihre Beziehung vertieft sich bei einer Reise nach Ecuador. Dort besuchen sie die Schwester von Tobi, die in dem südamerikanischen Land als Missionarin tätig ist. Auf dem Hausberg der Hauptstadt Quito, dem mächtigen Vulkan Pichincha, geht Tobi einen gewaltigen Schritt auf seine Andrea zu: Er macht ihr einen Heiratsantrag. Noch im September des gleichen Jahres wird gefeiert. In Leonberg. Und im Seehaus. Ein unvergessliches Fest.

Elf Jahre später leben Andrea und Tobi in einem Dorf gut 15 Autominuten vom Seehaus entfernt. Vier Söhne gehören jetzt zur Familie, zwischen drei und acht Jahren jung.

Das quirlige Leben von Familie Winkler ist durch und durch vom Seehaus geprägt. Tobi leitet dort die Abteilung Garten- und Landschaftsbau. Andrea betreut während ihrer Elternzeit die Freiwilligen vom Jahresteam. Einmal in der Woche kommen die zu Winklers. Hier wird gemeinsam gegessen, geredet, gelacht, gebetet und auch in der Bibel gelesen. Hier finden sie ein offenes Ohr. Hier tauchen die jungen Freiwilligen ein in die Welt der Familie. Hier ist Zeit zum Austausch über Belastendes und Wohltuendes.

Auch in der Glemseck-Gemeinde, die sich aus dem Seehaus heraus gebildet hat, sind Winklers aktiv. Sie gestalten die Gottesdienste am Sonntagabend mit ihren musikalischen Gaben mit. Unter der Woche besuchen ihre beiden jüngsten Söhne den Waldkindergarten des Seehauses. Und Ostern zieht die ganze Familie mit den Seehaus-Jungs und einem Mitarbeiterteam auf einen abenteuerlichen Marsch los. Übernachtet wird im Schlafsack unter freiem Himmel. Die großen Jungs von Winklers freuen sich schon riesig darauf.

„Bei uns sind Arbeit und Privatleben keine vollkommen getrennten Bereiche“, erklärt mir Andrea. „Tobi und ich sind beide auf einem Bauernhof aufgewachsen, deswegen sind wir das gewöhnt. Und unsere Jungs kennen es nicht anders und genießen es.“

Tobi ergänzt: „Wir sind keine besonderen Menschen. Wir sind Teil eines großen Teams von engagierten Seehaus-Leuten. Viele bringen sich hier mit ganzer Hingabe ein. Nur so kann das Seehaus funktionieren. Teil dieses Teams zu sein und diese wichtige Aufgabe ausfüllen zu dürfen, das bedeutet für uns Lebensqualität.“

10.
Entweder oder

Die kleine Turmuhr schlägt zur vollen Stunde. Es ist ein heller Klang und ähnelt mehr einem Frauenlachen als einem Männergrummeln, das manche großen Kirchenglocken haben. Hinter massiven Mauern erhebt sich eine Kirche und alte Bäume strecken ihre Zweige aus. Rote Ziegeldächer spannen sich über gotische Bauwerke und eckige Gauben blinzeln durch die Dachpfannen. Nur die Kameras und der Stacheldraht auf den Mauern stören den Eindruck einer mittelalterlichen Klosteranlage. Das ehemalige Dominikanerkloster wurde umgebaut und ausgebaut in eine Justizvollzugsanstalt für Frauen. Es gibt ein Gebäude für Mütter mit ihren Kleinkindern und ein anderes für den Wohngruppenvollzug sowie Arbeitsstätten und Begegnungsräume. Das Leben hinter den Mauern ist ein eigener Kosmos.

Alles ist mir fremd. Ich stehe vor dem Eingang. Neben der wuchtigen Tür ist ein Fenster und ich spreche in ein Mikro, das im Glas klemmt. Die Männer dahinter sehe ich kaum, weil die Scheiben getönt sind und mein Spiegelbild viel klarer wirkt. Der Summer dröhnt und ich drücke gegen die Tür. Ich gebe meinen Ausweis ab und bekomme eine Besucherkarte. *Gotteszell* steht darauf. Was für ein ungewöhnlicher Name für eine JVA. Kloster, Zelle, Gott, Gefängnis, Gott im

Gefängnis. Gedankenverloren lege ich meine persönlichen Sachen in den Spind. „Die Uhr auch!", quakt es aus dem Lautsprecher. „Und Handy nicht vergessen." Ich würde gern fragen, warum ich die Uhr ablegen soll – lass es aber. Ich spüre diese Autorität, die durch Uniformen, Kameras, Sicherheitsglas und schwere Türen erzeugt wird. Ich setze mich in den Wartebereich, bis mich die Psychologin abholt. Gemeinsam stehen wir vor mehreren Türen, entweder klingelt sie, bis ein Türschnapper surrt oder sie benutzt ihren Schlüssel.

Der Besucherbereich erinnert an eine Bahnhofshalle. Ein großer Tresen steht an der einen Wand und ich denke: Infopoint. Eine Beamtin sitzt da und schaut auf mehrere Monitore. Gegenüber ist die Halle in Kabinen unterteilt und jede Kabine hat eine Glastür. Ich kann schon mal in einem Besucherabteil Platz nehmen und möge kurz warten. Ich warte und schaue mich um, aber es gibt nicht viel zu sehen. Die Wände sind kahl und weiß, nur eine Seite ist orange gestrichen – lachsorange wie ein alter S-Bahn-Wagen.

Die Psychologin und Maria treten ein. Darf man sich die Hand reichen? Maria zögert, aber vielleicht hat es auch mehr mit den einstigen Coronaauflagen zu tun als mit Gefängnisregeln. „Wir sind Händeschütteln nicht mehr gewohnt", erklärt die Psychologin.

„Ich heiße Maria und bin 46 Jahre alt. Was soll ich denn erzählen?" Sie ist unsicher.

„Sie können erzählen, was passiert ist."

„Ach so ... nun ja ..."

Schweigen. Ich frage: „Wie sind Sie aufgewachsen? Möchten Sie davon erzählen?"

Und Maria erzählt. Die Worte fallen ihr leicht, als sie über ihr Elternhaus spricht. Sie wirkt gelöst und lächelt. Es scheinen gute Erinnerungen zu sein.

Sie stammt aus einer Pfarrfamilie und hat drei Geschwister. Ihre Eltern nehmen auch Pflegekinder auf und es herrscht immer Trubel und Leben daheim. Die Mutter stirbt, als Maria 19 Jahre alt ist – ein großer Verlust für die junge Frau. Maria lernt Altenpflegerin und als der Vater bedürftig wird, ist es für sie und alle anderen Familienmitglieder selbstverständlich, dass sich Maria um ihn kümmert. Ihr Vater ist eine starke Bezugsperson und prägt ihr Glaubensverständnis und Gottesbild. Er sagt oft: „Entweder kannst du an einer schwierigen Situation verzweifeln oder vertrauen."

Mit Ende 20 geht Maria eine Partnerschaft ein. Es ist eine gute Beziehung. „Ich wusste, dass er ein trockener Alkoholiker war, aber er hatte seine Sucht im Griff und stand mitten im Leben. Er war sehr beliebt. Ich freute mich, wenn meine Freundinnen sagten, dass ich so einen tollen und charmanten Partner habe."

Nach zwölf Jahren Beziehung beginnt er, ab und zu ein Bier zu trinken. Wenn Maria ihn darauf anspricht, reagiert er erbost: „Es ist doch nur ein Bier. Nie gönnst du mir etwas! Darf ich keinen Spaß haben?", ereifert er sich dann.

So redet er, und wenn er zu viel getrunken hat, wird er gewalttätig. Maria verteidigt ihn: „Das war nicht er. Das war der Alkohol in ihm. Nach einer Attacke tut es ihm auch richtig leid. Wir haben doch eine lange gute Beziehung gehabt, die will ich nicht aufgeben."

Maria bleibt und hofft. Um sich von der Gewalt daheim abzulenken, stürzt sie sich in die Arbeit. Im Pflegeheim wird sie gebraucht, dort kann sie aktiv sein. Doch die ständige Anspannung zehrt an ihr. Sie ist unkonzentriert und gereizt. Ihr unterlaufen Fehler, sodass ihr immer weniger Verantwortung übertragen wird.

„Ich bin eine ausgebildete Pflegekraft und durfte nur noch Hilfsarbeiten machen. Wenn man mich fragte, was mit mir los sei, suchte ich Ausreden. Ich schämte mich. Was war nur falsch mit mir, dass mein Partner so wütend auf mich war?‘“

Es gibt nichts mehr, was Maria Freude bereitet. Sie sucht nach einer Möglichkeit, sich selbst zu belohnen, und findet sie im Internet. Maria kauft ein. Sie bestellt sich Kleidung, die ihr nicht passt. Sie kauft technische Geräte, die sie nicht braucht. Sie gibt Geld aus, das sie nicht hat. Sie kauft auf Rechnung immer mehr und mehr. Sie kauft kleine Dinge, die sie vor ihrem Partner verstecken kann.

Der bemerkt trotzdem, dass etwas nicht stimmt. „Jetzt hatte er wirklich einen Grund, mich zu schlagen. Er sagte, dass ich schuld an seiner Trinkerei sei. Ich sei schuld, weil ich ständig einkaufe.“

Das Unheil nimmt seinen Lauf: Maria nimmt an Gewicht zu. Sie schläft schlecht. Ihr geht es nicht gut und deswegen muss sie sich noch mehr Gutes tun. Sie kauft und kauft. Der Glücksmoment hält vom Klick auf den Kauf-Button bis zu dem Moment, wenn der Paketbote klingelt.

„Ich habe nicht einmal die Kartons aufgemacht. Ständig gab es Streit und Gewalt in unserer Beziehung. Es gab Zeiten, da war die Polizei jedes Wochenende bei uns. Dann haben sie ihn mitgenommen und er kam in die Psychiatrie. Doch ich habe ihn wieder abgeholt, weil er mich angefleht hatte, weil er es doch nicht so gemeint hat und weil doch immer zwei zu einem Streit dazugehören."

Ich versuche zu verstehen und unterbreche Maria. Wie formuliere ich nur meine Frage? Bediene ich selbst ein Vorurteil, wenn ich frage, warum sie bei ihm blieb? Warum sie ihn nicht in der Psychiatrie gelassen hat? Wieso sie nicht in ein Frauenhaus gegangen ist?

„Weil ich nichts wert war. Ich hatte es nicht anders verdient." Ich mache mir Notizen, dabei brauche ich eigentlich nicht mitzuschreiben. Mehrmals habe ich gehört, wie ein Mensch seinem Opfer die Würde von den Knochen zieht, Lebensenergie aussaugt, die Luft zum Atmen nimmt und alles schlechtmacht, was dem anderen noch etwas bedeutet.

„Er hat mir meinen Glauben kaputtgemacht. Ich habe nicht einmal mehr mein Gottvertrauen. Wenn ich meiner Schwester von meiner Situation erzählt habe, hat sie mir nicht geglaubt. Niemand hat mir geglaubt, denn mein Partner sei so ein toller Mann und ich solle doch froh sein. Ich lebte in ständiger Angst – wie wird er drauf sein? Ist alles zu seiner Zufriedenheit? Habe ich das Richtige gekocht? Wenn er schlief, zog es mich zu meinem Laptop und zu dem *einen* Glücksmoment, wenn ich den Kauf-Button drückte."

Maria kauft ein. Ihr Partner drangsaliert sie. Maria kann keine Rechnung bezahlen. Ihr Partner schlägt sie. Marias körperliche und seelische Bedrängnis wird größer. Ihr Partner gibt ihr die Schuld an seinen Attacken. Sie hätte es einfach nicht anders verdient.

Seine Attacken hinterlassen Verletzungen und Wunden, doch Maria sucht nur medizinische Hilfe, wenn es sehr ernst ist. Dabei vermeidet sie es, zum Hausarzt zu gehen, und geht zur Notaufnahme eines Krankenhauses, denn dort wechselt das Personal. Aber irgendwann fallen ihre häufigen Besuche und seltsamen Verletzungen dort trotzdem auf.

Mit der Zeit lassen sich die vielen Kaufschulden und Lügen nicht mehr verheimlichen. Maria wird Betrug in über 300 Fällen vorgeworfen. Sie wird verurteilt und bekommt eine Bewährungsstrafe. Sie will sich ändern und die Chance nutzen. Doch die Kauf*lust* entpuppt sich als Kauf*sucht*. Nach nur einem Monat bestellt sie schon wieder Ware und verstößt damit gegen ihre Bewährungsauflagen. Ihre Haftzeit beträgt nun drei Jahre und sechs Monate.

„In einem halben Jahr bin ich frei“, sagt Maria heute. „Es ist gut, dass ich hier bin.“

„Wirklich?“ Mir erscheint es ungerecht, dass sie im Gefängnis sitzt und der Ex-Partner ohne Konsequenzen lebt.

„Wollten Sie nie eine Form der Wiedergutmachung oder Genugtuung?“, hake ich nach. Maria erzählt, dass sie die Möglichkeit gehabt hätte, gegen ihn auszusagen. Er wurde gegenüber einer anderen Person gewalttätig und diese zeigte ihn an. „Aber ich wollte nichts mehr mit ihm zu tun haben. In *Gotteszell* fühle ich mich zum ersten Mal sicher. Ich kann ohne Angst schlafen.“

Maria berichtet von ihrem Alltag in der JVA und findet viele positive Worte. Sie wohnt in einer Wohngemeinschaft. Auf dieser Etage können sich die Frauen frei bewegen. Morgens und abends wird die WG abgesperrt. Der Tag beginnt um 5:30 Uhr mit der Kontrolle, ob alle Frauen vollzählig und unversehrt sind. Nach dem Frühstück tritt Maria um 6:30 Uhr ihre Arbeit in der Montageabteilung an. Am späten Nachmittag hat sie Hofgang in der ehemaligen Klosteranlage. Zwischen alten Bäumen und Sträuchern steht eine Skulptur der Künstlerin Niki de Saint Phalle. Es ist eine Nana – eine bunte, kurvige, weibliche Figur. Fröhlich und befreit schmiegt sich die Nana an einen goldenen Adler.

Die Kapelle hebt sich von den wuchtigen Häusern ab. Maria ist gern dort. Sie hat ihren Glauben wiedergefunden. Es gibt Zeiten für Meditation und Gebet. Die heiligen Rituale schenken ihr Frieden und wecken den Glauben aus Jugendtagen.

Doch die Wunden der Vergangenheit zeigen sich auch hier. „Bei einem Weihnachtsgottesdienst weinte ich ununterbrochen. Hinter mir stand ein Beamter. Er war ein großer kräftiger Mann. Allein seine Gegenwart hat die schlimmen Erinnerungen an Gewalt geweckt. Ich hatte Angst und habe mich nicht getraut, es ihm zu sagen." Letztendlich bat die Sitznachbarin den Beamten, ein Stück zur Seite zu gehen, was er selbstverständlich tat.

Es gibt viele Frauen wie Maria, die erst im Gefängnis zur Ruhe kommen. Der Alltag in der JVA wird trotz aller Struktur freundlich und positiv gestaltet, sodass die Frauen sich mit ihrem Trauma und ihrer Schuld befassen können. Der Freiheitsentzug stellt die schwerste Strafe dar. Maria möchte aber trotzdem keine Freigängerin sein.

„Manche Frauen gehen morgens zur Arbeit außerhalb der JVA, kümmern sich nachmittags um ihre Kinder und kommen abends wieder hier her. Es ist eine große Belastung, eingesperrt zu werden ... wie Lockdown während Corona ... nur schlimmer.“

Psychologinnen begleiten die Frauen und helfen ihnen, die Kreisläufe aus Gewalt, Sucht und Abhängigkeiten aufzubrechen. Maria nimmt zusätzlich das Angebot der Opfer- und Traumaberatung wahr. Das Seehaus und die JVA pflegen eine gute Zusammenarbeit. Regelmäßig bekommt Maria Besuch von Elvira Pfleiderer und gemeinsam erarbeiten sie einen Kernsatz: Keiner hat das Recht, mich zu schlagen!

Mit der Psychologin überlegt Maria, wie sie Verantwortung für ihren Betrug übernehmen kann. In einem Schreiben bittet sie die Firmen um Entschuldigung. Manche verzichten auf das Geld, andere fordern es nach wie vor ein.

Maria ist verschuldet und lässt sich beraten. Wahrscheinlich muss sie Privatinsolvenz anmelden. Sie hat Pläne für ihre Zeit danach und wünscht sich, Halt in einer Kirchengemeinde zu finden – endlich in einer Gemeinschaft sich frei bewegen zu können. Sie ist fest entschlossen, nach vorn zu schauen, und ruft sich den Satz ihres Vaters in Erinnerung: „Entweder verzweifeln oder vertrauen!“

Sie will vertrauen. Aufrecht sitzt sie mir gegenüber. Zum Abschluss unseres Gesprächs reicht sie mir ein Blatt Papier. Gerade Buchstaben reihen sich akkurat auf zwei Seiten. Es ist ein Gebet. Ich bin gerührt, dass sie mir diese persönlichen Worte anvertraut über Schuld und Vergebung, über Leid und Hoffnung, über Kummer und Trost. Ich lege es in mein Heft.

Diesmal geben wir uns direkt die Hand und verabschieden uns. Schlüssel klackern im Schloss und ein Beamter führt Maria in ihren Wohnbereich. Schritte und Metall hallen unangenehm im Besucherbereich.

Auf dem Weg zurück zur Pforte fällt mein Blick auf den Innenhof. Da steht Nana – die fröhlich befreite Weiblichkeit. Der goldene Adler strahlt in der Frühlingssonne.

Noch einmal schaue ich auf meinen Besucherausweis. *Gotteszell* lese ich. Das ehemalige Kloster bleibt trotz und inmitten der Haft ein Hoffnungsort. Die kleine Turmuhr schlägt und ihr Klang perlt von den Dächern, klettert in die Zweige der alten Bäume und hüpft über Mauern.

11.
Unsere großen Brüder

Sie gehen allein vom Kindergarten nach Hause. Das ist etwas Besonderes, denn alle anderen Kinder werden von ihren Müttern, Vätern oder Großeltern abgeholt. Der Weg ist für die Schwestern Edith und Sophie nicht gefährlich und auch nicht weit. Vielleicht sind es nur drei Minuten. Sie stapfen den Hügel hoch, vorbei an Hasenstall und Gemüsebeet. Es gibt viel zu entdecken unter Sträuchern, auf Blüten und zwischen den Steinen.

Die Schwestern wachsen im Seehaus auf – einem vierhundert Jahre alten Dreiseitenhof. Das stattliche Haus kann sich nicht entscheiden, ob es eher ein Forsthaus oder ein Jagdsitz sei. Wahrscheinlich ist es beides zugleich und vor allem ist es ein Zuhause für drei Familien, ihre Kinder und straffällig gewordene Jugendliche.

Bei jedem Wetter laufen Edith und Sophie zu ihrer Kindergartengruppe des Wald- und Tierkindergartens. Ihre Mutter Irmela hat den Waldkindergarten selbst gegründet, weil es zwar Kinder im Seehaus gab, aber keine Kindertagesstätte.

Die Kinder werden wetterfest ausgestattet: Sonnenkappe oder Regenjacke, Matschhose oder Mückenspray, Wechselshirt oder Fleecejacke. Wenn Edith und Sophie nach Hause stapfen, hüpfen die kleinen Rucksäcke auf ihren Rücken und bei jedem Schritt klappern Trinkflasche und Brotdose. Der kurze Weg erscheint den Kindern lang, so wie alles gewaltig und ewig wirkt, wenn man noch klein ist.

Es erscheint ihnen, als lebten ihre großen Brüder für lange Zeit mit ihnen im Haus – dabei sind es höchstens zwei Jahre. Die kindliche Perspektive ist wunderbar: Gewöhnliches scheint besonders zu sein und Besonderes wird als normal wahrgenommen. Für die Schwestern ist es völlig normal, dass große Jungs in ihrem Zuhause leben. Sie ernennen diese großen Jungs zu ihren Brüdern. Fertig!

Ihre großen Brüder kommen aus dem Gefängnis, heißt es, und nun können sie ihre Zeit im Seehaus absitzen. Dabei kann von Sitzen keine Rede sein. Die Jungs schleppen sich zum Frühsport, während die Seehaus-Kinder noch in ihren Betten liegen. Das ist fast wie im Waldkindergarten. Egal, ob es regnet, schneit, stürmt oder noch dunkel ist, alle Jungs müssen an die frische Luft. Dann gibt es Frühstück und gemeinsam sitzen sie am großen Esstisch: Sophie, Edith, ihre Eltern und acht junge Männer.

Langsam trudeln die Kinder in die Alltagsroutine, während sich die Jungs immer beeilen müssen, um den Haushalt vor der Arbeit zu schaffen: putzen, aufräumen, abspülen, ausfegen, aufwischen. Erst dann geht jeder an sein Tagwerk. Die Seehaus-Kinder bummeln in den Kindergarten und die jungen Männer eilen in die Werkstätten und bleiben dabei immer unter Beobachtung.

Am Nachmittag spielen die Kinder auf dem Hof. Es wird gerollert und gehüpft, Ball gespielt oder mit den Hasen geschmust. Es gibt auch Hühner, Schweine und Ziegen. Die Lämmer werden in der Wohnung großgezogen und bekommen ein Fläschchen wie die jüngste Schwester Lea-Marie. Ein besonderer Spielkamerad ist der Schafbock. Er kann einen kleinen Leiterwagen ziehen. Manchmal sitzen Edith und Sophie darauf und spielen Kutsche. Jedes Kind weiß, was die Tiere gern fressen oder wo sie es mögen, gekrault zu werden. Doch manch ein großer Bruder weiß dies nicht.

Sophie zeigt, wie man einen Hasen hält. Wieso weiß ihr Bruder das nicht? Hat er noch nie einen Hasen gesehen? Auch Edith wundert sich, dass manch ein großer Junge vieles nicht kann, dass er nicht weiß, wann man Bitte und Danke sagt, dass man fragt, ob man vom Tisch aufstehen darf oder dass man sich entschuldigt, wenn ein Missgeschick geschieht.

Die Eltern, Irmela und Daniel, erklären ihren Kindern immer wieder und wieder die Regeln und was es heißt, großzügig, geduldig und hilfsbereit zu sein. Es scheint, als müssten das nicht nur die Schwestern lernen, sondern auch so mancher Junge. Der einzige Unterschied ist, dass der Lernerfolg oder Misserfolg der Jungs in Listen eingetragen wird. Alles wird beobachtet, notiert und hinterher mit den Erwachsenen besprochen, denn die Jungs wollen sich verändern.

Die Kinder wissen, dass man keine bösen und schmutzigen Wörter sagen darf. Doch so mancher Junge weiß es nicht und muss es mühsam lernen. In der Gegenwart der Kinder reißen sie sich zusammen, aber trotzdem gibt es Momente, in denen es scheint, als würden die jungen Männer gleich explodieren. Schnell schicken die Eltern ihre Kinder zu den

Nachbarn. Dann spielen sie eben dort mit ihren Freunden, bis man sie wieder abholt.

Niemals haben Edith oder Sophie eine negative Erfahrung mit den jungen Straftätern gemacht. Sie sind einfach ihre großen Brüder, mit denen man wunderbar spielen kann.

„Wir sind die Polizisten!", ruft Sophie.

„Und ihr geht jetzt ins Gefängnis!", kommandiert Edith.

Nico geht auf den Boden und krabbelt unter den Esstisch. Bayram schiebt einen Stuhl beiseite und legt sich unter den Tisch. Sascha balanciert auf einer Pobacke und zieht die Knie an, weil es so eng ist. Edith schiebt die Stühle wie Gefängnistüren aneinander.

„Ist jetzt jeder eingesperrt?", fragt Sophie und läuft einmal um den Tisch. Die jungen Männer lachen und flachsen. Offenbar hatte ihnen niemand gezeigt, dass ein Tisch so vieles sein kann. Spielfläche für Würfel. Atelier für Maler. Autobahn für Hotwheels. Bühne für Puppen. Tummelplatz für Hungrige. Höhle für Abenteurer. Käfig für wilde Tiere oder eben ein Gefängnis für ... ja, für wen eigentlich? Verbrecher, Lügner, Diebe?

Edith und Sophie sind Schulkinder, als sie begreifen, dass ihr Zuhause ein besonderer Ort ist.

„Ihr lebt in einem Gefängnis?", kreischt eine Mitschülerin.

„So mit richtigen Knackis?", fragt ein Klassenkamerad.

„Das stimmt doch nicht!", behauptet Ediths Lehrerin.

„Doch das stimmt. Wir wohnen im Seehaus", erwidert Edith.

Das Seehaus ist den Menschen in Leonberg ein Begriff. Junge Leute absolvieren dort ihr Freiwilliges Soziales

Jahr, es gibt Kooperationen mit Handwerkern, bekannte Schirmherren und TV-Sender und Presse berichten über den Strafvollzug in freien Formen. Die anfängliche Skepsis weicht, je mehr die Einheimischen begreifen, dass der Strafvollzug in freien Formen eine echte Chance für die jungen Männer ist.

Straftäter, Strafvollzug in freien Formen, Rückführung oder Resozialisierung sind nun für die Schwestern keine kryptischen Wörter. Sie wissen, dass ihre großen Brüder etwas Schlimmes getan haben, dass Menschen zu Schaden gekommen sind und dass sie Leid verursacht haben.

„Aber sie sind nicht böse", verteidigt Sophie sie. „Sie haben eine falsche Entscheidung getroffen. Viele von ihnen hatten nie eine richtige Familie."

Inzwischen sind Edith und Sophie Teenager. Sie wissen, dass die Jungs über sie reden oder dass es sogar romantische Gefühle geben könnte. Doch niemals hätte es einer der Jungs gewagt, dieser Sehnsucht nachzugehen. Wer sich unangemessen gegenüber den Mädchen verhält, muss das Seehaus verlassen und den Rest der Strafe im Gefängnis absitzen. Außerdem ist Irmela die Leiterin und strahlt Autorität aus. Selbst ein Schimpfwort wird mit Punktabzug gemaßregelt. Bisher hat sich kein Junge den Seehaus-Kindern gegenüber unangemessen verhalten.

Respekt und Vertrauen sind die Konstanten im Seehaus. Während die Kinder das geschenkt bekommen und sich darin bewähren, müssen sich die jungen Männer das Vertrauen mühsam verdienen. Wer in der Respekts- und

Vertrauensleiter aufgestiegen ist, genießt für einen Häftling ungeahnte Freiheiten: Zeit für sich – ganz ohne Kontrolle.

Die Pferde auf dem Hof sind für Sophie und Edith wie Vertraute. Oft reiten sie aus und wenn sie zurückkommen, plaudern sie mit den Jungs.

„Was frisst denn das Pferd?", fragt Kevin.

„Gras", antwortet Edith.

„Richtiges Gras von der Wiese?"

Edith nickt und denkt, was denn sonst?

„Und was trinkt es?"

„Wasser."

„So richtiges Flusswasser?"

„Ja", und Edith verkneift sich ein Grinsen. Schließlich sind die Fragen ernst und das Interesse ist aufrichtig.

Kevin krault das Pferd am Kopf und lässt es zu, dass das Tier an seiner Schulter knabbert. Es ist faszinierend! Kevin ist sanft und fürsorglich, als würde das Pferd das Beste in ihm zum Vorschein bringen.

Einige Jungs engagieren sich wie Sophie bei den christlichen Pfadfindern, den „Royal Rangers". Sophie wird Gruppenleiterin und überträgt zunehmend mehr Verantwortung an die jungen Männer. „Ich kann mich auf sie verlassen", erzählt sie stolz. „Sie halten sich an Absprachen und kümmern sich um die Kinder."

Bei aller Freiheit, die die Kinder der Hauselternfamilien haben, ist eine Sache lästig. Die heranwachsenden Mädchen müssen sehr auf ihre Kleidung achten.

„Mama, kann ich das anziehen?" Sophie steht in einem engen Shirt im Wohnzimmer.

Irmela schüttelt den Kopf. „Der Ausschnitt ist zu tief."

„Und das?"

„Das Shirt ist zu kurz. Es muss den Po bedecken."

Sophie ist genervt. Irmela auch. Manchmal sagt sie nichts. Wenn das Kleidungsstück nicht angemessen ist, würden die Seehaus-Mitarbeiter es kommentieren und oft sagen sie auch: „Sophie, zieh dich bitte um." oder „Edith, das kannst du hier nicht tragen." Sie gehorchen, auch weil sie kein Aufsehen erregen wollen.

Je älter Sophie wird, umso mehr zieht sie sich aus dem Seehaus-Getümmel zurück, doch die Corona-Pandemie und der Lockdown schaffen wieder Berührungspunkte. Plötzlich spielt sich das ganze Leben im Seehaus ab, weil Außenkontakte untersagt werden wie Schule, Pfadfindertreffen oder Sport. Die Lebensgemeinschaft im Seehaus gilt als Familie und die Sportarena neben dem Haus wird zum neuen Treffpunkt. Die jungen Leute spielen Volleyball und haben Frischluft, Bewegung und Austausch.

Heute, zwei Jahre später, ist Sophie in Kanada und besucht die Highschool. Sie hat Zukunftspläne. „Irgendwann möchte ich auch im Seehaus arbeiten. Vielleicht studiere ich Soziale Arbeit oder Kriminalpsychologie."

Edith ist ausgezogen, lebt in einer anderen Stadt und lernt Erzieherin. Sie räuspert sich: „Ich würde auch gern im Seehaus arbeiten."

Sie sorgt sich etwas, was andere denken könnten, ob sie nicht eigene Pläne hätte oder nur nachmache, was die Eltern machen. Doch dann schüttelt sie den Kopf und richtet sich auf: „Das interessiert mich aber! Mich würde auch ein Studium in Sozialer Arbeit interessieren oder der Polizeidienst."

Die Verbindung zu ihren Eltern, der jüngeren Schwester und dem Seehaus ist groß. Sie kommen gerne nach Hause.

Edith und Sophie sind mit jungen Straftätern aufgewachsen. Die Jungs wurden überwacht, sanktioniert und beobachtet. Gerade diese Atmosphäre führte die Schwestern in eine Freiheit, handlungsfähig und selbstbewusst zu sein und vor allem: Menschen, die Fehler gemacht haben, ohne Vorurteile zu begegnen.

„Sie sind doch unsere großen Brüder", sagen sie.

12.

Nur noch eine Nummer

Ich bin zu spät. Ich eile, soweit man im Stuttgarter Berufsverkehr eilen kann: Kurven, Ampeln, Umweltzonen, Parkplatzsuche.

Elvira Pfleiderer, Mitarbeiterin der Opfer- und Traumaberatung erwartet mich im Diakonissenmutterhaus. Über moderne Gänge und alte Treppenhäuser gehen wir zum Gesprächsraum. Man spürt dem Haus an, dass es eine lange Geschichte hat und sich den Bedürfnissen der Menschen anpasst. Seit einigen Jahren beherbergt es die Beratungsstelle für Opfer oder Zeugen einer Straftat und für Menschen mit traumatischen Erfahrungen – ein Arbeitsbereich des Seehaus e.V.

Elvira Pfleiderer öffnet die Tür zum Beratungsraum. Eine Frau kommt mir entgegen.

„Doria. Ich heiße Doria."

„Susanne", antworte ich und ergreife ihre Hand. Dorias Händedruck ist fest. Small Talk folgt. Dies und das. Doch wir spüren, dass uns das Thema drängt. Doria will erzählen. Ich will zuhören.

Doria richtet sich auf und schaut auf einen Stein, der auf dem Tisch liegt. Er ist größer als eine Faust. In weißen

Buchstaben steht darauf: Würde! Doria fixiert den Stein und erzählt. Es klingt, als hätten die Wörter und Sätze nur darauf gewartet, endlich erzählt zu werden. Jahreszahlen, Abläufe und Details spulen sich wie ein Film ab. Die Wucht von Dorias Sprache schleudert mich in ihre Geschichte.

Doria ist eine erfolgreiche Geschäftsfrau. Als Vertrieblerin arbeitet sie für große Firmen und ist bundesweit unterwegs. Sie leistet sich einen gehobenen Lebensstil und spart für die Zukunft. Doch eine Sache fehlt ihr: ein Freund, ein Partner, ein Gegenüber – einfach ein Mensch, der mit ihr das Leben teilt.

Seit zehn Jahren ist sie Single und stöbert auf den unterschiedlichsten Dating-Plattformen, wischt sich durch Profile und manchmal beginnt sie ein Gespräch. Im Sommer 2014 meldet sich Ryan. Er ist Amerikaner. Doria reagiert nicht. Er schreibt wieder und wieder, ist charmant und aufmerksam. Doria reagiert immer noch nicht, aber sie ist beeindruckt von seiner Ausdauer und Ausstrahlung. Er scheint tatsächlich an ihr interessiert zu sein. Sie antwortet mit kurzen Worten und Emojis.

Was mit einem Chat beginnt, entwächst sich zu stundenlangen Gesprächen über Skype. Dorias Englischkenntnisse sind sehr gut, ihre Gespräche sind vertraut und rasch fühlt sie sich zu Ryan hingezogen. Trotzdem bleibt sie vorsichtig. Man hört ja von der Masche sogenannter *Love Scammer* – moderne Heiratsschwindler. Sie recherchiert alles, was er ihr erzählt, und fühlt sich bestätigt: Ryan ist aufrichtig. Er liebt sie tatsächlich. Nun will sie ihn unbedingt kennenlernen.

Als US-amerikanischer Soldat ist er in Afghanistan stationiert. Er erzählt ihr von seinen Einsätzen und der Gefahr. Dann bricht der Kontakt ab. Wochenlang erreicht Doria ihn nicht und macht sich große Sorgen. Ihre Gedanken kreisen nur um Ryan und den Krieg in Afghanistan. Endlich! Ein Lebenszeichen. Er ist auf der Flucht und fürchtet um sein Leben.

Ryan schildert, dass er ein Verbrechen gegenüber Zivilisten gesehen habe. Seine Vorgesetzten wollen es vertuschen, doch er könne das Unrecht nicht hinnehmen, sei nun selbst in Gefahr und müsse fliehen. Doria hat Angst um Ryan. Was macht die Armee mit einem Deserteur? Natürlich muss er fliehen und natürlich braucht er dafür ihr Geld. Seine Flucht ist lang und gefährlich. Die schlechten Nachrichten brechen nicht ab.

In Afrika gerät er als Geisel in die Hände von Clans. Wieder und wieder schickt sie ihm Geld, damit er sich freikaufen kann, damit er endlich zu ihr kommen kann. Inzwischen hat sie Ryan 100.000 Euro gegeben. Ryan fleht weiterhin, dass er mehr benötige, doch Dorias Ersparnisse sind aufgebraucht. Als sie ihm sagt, dass sie ihm nichts mehr geben könne, wird er wütend. Wenn sie ihn wirklich lieben würde, würde Geld keine Rolle spielen, sie würde welches auftreiben, sie würde einen Weg finden.

Doria fühlt sich getrieben und kündigt ihre Versicherungen und Sparbriefe. Der Bankbetreuer rät ihr davon ab. Freunde sorgen sich. Doch Doria will allen beweisen, wie sehr sie Ryan liebt. Selbst wenn er sie anschreit oder beleidigt, findet sie eine Entschuldigung für Ryan. Drei Jahre lang schickt sie ihm Geld, dann ist sie endgültig zahlungsunfähig.

2016 kann sie ihre Miete nicht mehr zahlen und die Geduld der Vermieterin ist ausgereizt. Doria ist verzweifelt und fällt in ein tiefes Loch. Sie fällt und findet keinen Schlaf. Sie taumelt und ist nie richtig wach. Sie stürzt und verliert sich in Arbeit und Essen. Den Job zieht sie durch, weil sie die Kunden flexibel per Internet betreuen kann. Sie wird füllig, dick, fett. Sie ist traurig, verzweifelt, lebensmüde.

Doria verschanzt sich in ihrer Wohnung, aus der sie bald ausziehen muss und bricht die meisten Kontakte ab – außer zu Ryan. Er beteuert seine Liebe und sucht nach einer Möglichkeit, um ihren Schaden zu begrenzen.

Im Februar 2017 meldet sich ein Anwalt aus England. Er habe Dorias Kontakt von Ryan und möchte ihr ein Jobangebot machen, schließlich sei sie Vertrieblerin. Hat Ryan sich tatsächlich um einen Job für sie gekümmert? Doria ist interessiert. Das könnte ihre Chance sein, ihr Leben in Ordnung zu bringen. Sie ist vorsichtig, aber in ihr ringen Verzweiflung und Hoffnung. Was, wenn es die letzte Gelegenheit ist, um wieder Halt zu finden? Sie will mehr über den Job wissen. Ein englischer Reinigungsmittelhersteller plant, seine Produkte in Japan einzuführen, und sucht eine erfahrene Vertrieblerin. Der Kontakt per E-Mail und Telefon ist professionell. Alles klingt seriös. Doria ist zuversichtlich. Sie fleht ihre Vermieterin an, nur noch diesen einen Auftrag abzuwarten. Bald könne sie alle Rückstände begleichen.

Jetzt ist sie wieder die Geschäftsfrau, die sie mal war. Im Oktober 2017 fliegt Doria nach Japan. Es ist eine lange Reise im Auftrag eines wichtigen Kunden, für ein wichtiges Produkt einer wichtigen Zielgruppe. Alles ist wichtig – sogar Doria ist wichtig! Am Frankfurter Flughafen trifft sie einen Mitarbeiter, der ihr die Produkte in einem Rollkoffer übergibt. Doria eilt durch die Sicherheitskontrolle. Ihre Schuhe klackern über den Boden und die Räder des Koffers surren. Alles fühlt sich normal und richtig an.

In Tokio wird sie ausgebremst. Sie kommt nicht durch den Zoll. Irgendetwas verzögert sich. Die Zollbeamten scannen immer wieder ihren Koffer. Ob sie ihn bitte auspacken könne? Klar, antwortet sie und zeigt die Reinigungsmittel. Die sind in Ordnung, aber mit dem Koffer stimmt etwas nicht. Man führt sie in einen Verhörraum. Wieder und wieder erklärt sie in ihrem guten Englisch den japanischen Beamten mit ihren schlechten Englischkenntnissen, warum sie einreist und in wessen Auftrag. Ständig klingelt ihr Telefon, doch man verwehrt Doria abzunehmen. Wenn sie nur ans Telefon könnte, dann hätte sie die Möglichkeit, ihrem Kunden zu sagen, was los ist. Dann könnte sie einfach weiterarbeiten.

Inzwischen ist es später Nachmittag, als eine Dolmetscherin erklärt, dass Dorias leerer Koffer viel zu schwer sei. Doria zuckt nur mit den Schultern. Ob man ihn auseinanderbauen dürfe. Natürlich! Sie habe nichts zu verbergen.

Die Zeit kriecht durch den Verhörraum und Dorias Kopf dröhnt von den vielen Fragen. Warum sind die Beamten so unfreundlich, geradezu aggressiv? Sie bauen sich vor ihr auf und fordern Antworten, die sie nicht hat. Sie versteht nicht einmal ihre Fragen. Sie zerlegen ihren Koffer, lösen die Räder und trennen die Seitenteile ab. Doria sieht ihnen stumm zu. Plötzlich hält einer ein eingeschweißtes Päckchen hoch. Er triumphiert. Doria schreit. Ihre Seele stülpt sich nach außen.

Das kann nicht sein! Sie zerrt an ihren Haaren, ihr Magen dreht sich, ihr Herz trommelt in der Brust und sie bricht zusammen. Doria weiß sofort: „Mein Leben ist jetzt vorbei!“ In einigen asiatischen Ländern wird Drogenbesitz mit dem Tode bestraft.

Schnell steht die Anklage: Besitz und Einfuhr von synthetischen Drogen. Todesangst flutet Doria. Sie wird weggespült und strandet in einer Zelle der Polizeistation Chiba. Auf einer dünnen Tatami-Matte am Boden kommt sie wieder zu sich. Dabei darf sie nicht liegen. Sie soll sitzen. Einfach nur sitzen. Sitzen und auf das Klo starren. Sitzen und Schatten hinter Milchglasscheiben verfolgen. Sitzen und essen und sitzen und warten und sitzen und sitzen und sitzen. Alles ist verboten. Sie darf ihre Familie in Deutschland nicht kontaktieren. Sie darf nicht mit den anderen inhaftierten Frauen sprechen. Die Tage vergehen und sie verbietet sich selbst zu weinen. Sie schluckt ihre Tränen. Sie ist tränensatt und kann kein Essen zu sich nehmen. Kauen ist unmöglich. Ihr Körper verweigert sich. Sie spürt, wie er sich verschließt. Nach Wochen setzt die Menstruationsblutung aus.

Gedanken durchrieseln Doria wie feine Sandkörner, als wäre eine Wüste in ihr. Sandstürme aus Wut und Rache. Wanderdünen aus Selbstvorwürfen und Anklage. „Wie konnte ich nur? Wie konnte ich nur so dumm sein? Wie konnte es nur so weit kommen? Wie konnte ich mich selbst verlieren?“

Nach sieben Monaten in der Untersuchungshaft wird endlich das Urteil gesprochen. Doria erhebt sich zur Urteilsverkündung. Ihre Hände umklammern die Stuhllehne und ihre

Fingerkuppen drücken sich in das Metall, so fest, dass es Dellen geben müsste.

„Acht Jahre Haft und 22.000 Euro Strafe", sagt der Richter. Sie schreit auf. Seltsam, Doria ist sogar erleichtert, denn sie hat mit einer höheren Strafe gerechnet.

Ichi-ichi-ku-ku. 1199. Ab jetzt ist sie nicht mehr Doria, sondern Nummer 1199 und steckt in einem rosafarbenen Anzug. Ihre Zelle ist 4,5 Quadratmeter groß, wie ein Aquarium besteht sie aus Glasscheiben. Es gibt keinen privaten Ort, selbst der Sichtschutz vor dem Klo ist zu niedrig, um ungesehen zu bleiben.

Inzwischen erreichen sie Nachrichten von ihrer Familie und von Freunden aus Deutschland. Fast jede Woche kommt ein Brief oder Päckchen mit Büchern oder Zeitschriften. Sie sind ihre größten Schätze und sie liest sie wieder und wieder.

Der Bruder und Freunde haben Dorias Wohnung ausgeräumt und alles eingelagert. Ihre Freunde bemühen sich um einen Transfer, damit sie ihre Haft in Deutschland absitzen kann. Sie lassen Dokumente übersetzen und schalten einen Anwalt ein. Alles kostet Geld und Zeit. Sehnlichst wartet Doria auf den Bescheid.

Sie ist nicht die Einzige in dieser Situation. Es trifft viele Frauen, die wie Doria unverschuldet in diese Situation geraten sind. Da ist Maria aus Köln. Als sie geht, kommt Maria aus Stuttgart. Im Prinzip könnten sie schwäbeln, doch dafür bleibt keine Zeit. Entweder müssen sie arbeiten oder schweigen oder beides zugleich.

Die Frauen leisten Zwangsarbeit. Von 7:45 Uhr bis 16:30 Uhr schuftet Doria mit anderen Häftlingen in der Näherei. Sie werden gedrillt und bestraft. Wer eine Arbeit beendet hat, muss sich sofort melden und bekommt dann umgehend eine neue. Nicht pausieren. Niemals durchschnaufen. Wobei: Ist Zwangsarbeit nicht nach internationalem Recht verboten?

Doria lernt Japanisch. Der Wortschatz bleibt niedrig. Wie auch sonst sollte sie die Sprache lernen, es gibt ja nur Befehle. Zweimal im Jahr treibt man die Frauen nackt in eine Turnhalle. Sie werden inspiziert, ob nicht irgendwo an oder in ihren Körpern etwas Verbotenes ist. Dabei haben sie doch nichts Persönliches. So kratzen die Wachen das letzte bisschen Würde von der Seele der Frauen.

In den größeren Zellen leben sechs Frauen. Es gibt einen Fernseher, der neben den japanischen einen englischsprachigen Kanal hat. Doria schaut ihn nie. Viel eher provoziert sie Einzelhaft, damit sie wenigstens allein sein kann. Es braucht nicht viel, um dort zu landen. Ein unerlaubtes Wort oder ein Widerspruch – zack: Einzelhaft.

Wann immer es ihr möglich ist, macht sie Sport. Kniebeugen, Rumpfheben, springen und auf der Stelle laufen, so wie in den Knastfilmen. Dort wird der Held stählern und eisern und siegreich. Siegreich ist sie nicht, immerhin verliert sie ihr Übergewicht. Ihr Körper wird fester und versucht, sich gegen die herrschende Gewalt im Knast zu panzern.

Doria muss viel auf der Tatami-Matte sitzen. Liegen ist tagsüber verboten. Im Winter ist es so kalt, dass der Frost an ihren Füßen nagt. Sie bekommt Frostbeulen – hässliche, rote Knubbel an ihren Gelenken. Die Matte ist viel zu dünn, Decken gibt es nur nachts und auch die wärmen nicht. Ein Kopfkissen mit Plastikfüllung benutzt sie nie.

Ein guter Häftling ist jemand, der schnell arbeitet, nichts sagt und sich außerhalb der Arbeit nicht bewegt. Immer wieder wird Doria mit Sitzstrafen gezüchtigt. Sie sitzt auf ihren Fersen, bis ihre Gliedmaßen so steif sind, als würden sie nicht mehr zu ihr gehören. Nach dem langen und quälenden Tag fühlt sie sich, als hätte sie stundenlang auf Nägeln gesessen, so sehr schmerzen die Beine.

Ihren Lebensdrang verdankt sie der wühlenden und brennenden Sehnsucht nach Gerechtigkeit. Sie wird Ryan finden und zur Rechenschaft ziehen.

Die treuen Briefe aus Deutschland ermutigen Doria. So sehr hofft sie, dass zwischen ihnen der Bescheid für die Überführung nach Deutschland liegt. Er müsste bald kommen. Seit Mai 2018 wartet sie schon.

Doch dann taucht das Corona-Virus auf und schickt die Menschheit in den Lockdown. Alles verzögert sich. Vier Jahre Haft vergehen, bis Doria endlich den Überstellungsbescheid nach Deutschland in den Händen hält.

Jetzt ist sie auch nach deutschem Recht verurteilt, aber aufgrund *der gravierend schweren Umstände in der japanischen Haft* wird die Haftzeit verkürzt. Der Missbrauch in der japanischen Haft wird als *gravierende schwere Umstände* bezeichnet? Doria ist geschockt. Denn täglich werden dort Menschenrechte verletzt.

Die letzten vier Monate ihre Haft verbringt sie in einem deutschen Frauengefängnis, aber es fühlt sich lange nicht so schlimm wie in Japan an. Sie wird nicht misshandelt. Sie darf sprechen. Sie arbeitet und bekommt Lohn. Sie hat sogar Zeit für sich.

Doria lernt im deutschen Gefängnis eine Mitarbeiterin der Opfer- und Traumaberatung kennen. Elvira Pfleiderer hört ihr zu und Doria ahnt, dass sie viel Zeit brauchen wird, um sich selbst zu verstehen. Elvira Pfleiderer ermutigt sie, sich nach ihrer Haftzeit in der Beratungsstelle in Stuttgart zu melden.

Seit September 2022, nach 4 Jahren und 5 Monaten, ist Doria eine freie Frau – endlich darf sie wieder sie selbst sein. Jetzt ist sie arbeitssuchend und hat noch immer Schulden. Durch die Opfer- und Traumaberatung wurde ihr eine kleine Wohnung vermittelt. Doria hat einen Raum, in dem sie sich sicher fühlt. Doch die Schrecken ihrer Vergangenheit huschen um Möbel, verkriechen sich hinter Vorhängen und drängen sich in ihren Schlaf. Ryan. Japan. Haft. Gewalt. Entwürdigung und immer wieder der Gedanke: „Wie konnte ich nur?“

Ihre Therapeutin hilft ihr zu verstehen und Doria darf ihr alles sagen. Mühsam schält sie sich aus ihrem Trauma und zieht sich seidendünne Würde an.

Freunde sagen, sie solle die Vergangenheit hinter sich lassen, aber sie ist ein Teil von ihr. An vielen Tagen spiegelt sich ihre Vergangenheit auf Dorias Haut. Sie hat Rötungen und Ekzeme. Sie ist wund. Ihr Körper zeigt es. Doch ihr Körper zeigt ihr auch, dass sie wieder Frau sein darf. Dieses Recht hat er sich nach der Haft zurückerobert.

Doria starrt auf den faustgroßen Stein, der auf dem Tisch im Beratungsraum liegt. Ihre Augen schimmern. Die weißen Buchstaben des Wortes wird sie nicht mehr lesen können. Sie weint. Ich weine mit ihr.

Gemeinsam gehen wir durch das alte Treppenhaus. Gemalte Porträts hängen an vertäfelten Wänden von wichtigen Menschen aus vergangenen Zeiten. Doch mir geht es um die Zukunft. Was könnte ich Doria jetzt sagen? Welchen Wunsch könnte ich ihr mitgeben? Welche Ermutigung könnte ich ihr zusprechen? Ich finde keine Worte, stattdessen umarmen wir uns. Schweigen. Mitfühlen. Ein Blick. Eine Geste. Ein Lebwohl.

13.

Meine Fäuste für ein gutes Ziel

Am wichtigsten Scheidepunkt seines jungen Lebens sitzt Ignazio auf dem Dach eines Parkhauses in seiner Heimatstadt Reutlingen. Die Füße baumeln über dem Abgrund. In der rechten Hand hält er eine Flasche Wodka. Einen Teil des Inhalts hat der knapp 18-Jährige schon in sich hineinlaufen lassen. Er ist verzweifelt. Hat keine Ahnung, wie er sein Leben auf die Reihe kriegen könnte. Er fühlt sich gescheitert, hilflos und im Stich gelassen. Und so trifft er in dieser Nacht eine nicht nur für ihn folgenschwere Entscheidung: Er will ab sofort auf der Straße Karriere machen. Mit allen Mitteln. Als Krimineller.

Ignazio, ein heute 25-Jähriger mit Vollglatze, modischem Bärtchen und sympathischem Lachen schildert mir diese Szene in allen Einzelheiten. Sie hat sich offensichtlich tief in seine Erinnerung eingebrannt. Doch mir fällt es erst einmal schwer, ihm zu glauben.

„Das entscheidet man doch nicht einfach so: Ich werde Krimineller“, frage ich ihn mit gerunzelter Stirn. Ignazio lässt sich nicht beirren.

„Doch!“, entgegnet er mit Nachdruck. „Genau so war es. Ich wusste aus Erfahrung, worauf ich mich einlasse. Und ich hab in diesem Moment wirklich beschlossen, dass ich ab sofort nur noch das machen will, was ich in den Jahren auf der Straße immer besser gelernt hatte." Was für ein Startschuss in eine zweifelhafte Laufbahn!

Dabei konnte Ignazio die ersten Schritte seines Lebens in einem eigentlich recht ordentlichen Umfeld machen. Seine Eltern – Vater aus Italien stammend, Mutter aus der Türkei – kümmern sich um ihn und seine großen Schwestern. Beide stehen beruflich gut da und können sich ein Haus leisten für sich und ihre Kinder.

„Ich hatte alles, was ich nur wollte", schwärmt Ignazio. „Ich lebte wie ein kleiner Pascha mit vielen Freiheiten."

In der Schule fühlt er sich eher unterfordert, langweilt sich und passt deswegen nicht so gut auf, wie er sollte. Im Zeugnis bescheinigen ihm die Lehrer, dass er ein gutes Empfinden für Gerechtigkeit habe. Er möchte, dass alle Kinder in der Klasse gleich behandelt werden. Dass jeder ein Stück Torte bekommt. Und dass jedes Stück Torte gleich groß ist.

Nichts deutet darauf hin, dass aus dem netten, gerechtigkeitsliebenden Jungen ein brutaler Gewalttäter werden könnte, ein Drogenhändler, ein Gangster.

Einen ersten Bruch bekommt seine Kindheit, als er im Alter von zehn Jahren immer mal wieder „gemobbt" wird, wie er es in der Rückschau nennt. Ignazio, der damals schmal und schüchtern ist, kann sich nicht wehren. Erst sucht er Hilfe bei den Eltern. Dann begreift er: Schützen muss ich mich selbst. Also fängt er an, sich für Selbstverteidigung und Kampfsport zu interessieren. In einschlägigen Videos auf YouTube lernt er alles, was man über den Einsatz von Ellenbogen und anderen Körperteilen wissen muss. Was er in diesen Videos vorgeführt bekommt, setzt er auf dem Pausenhof eins zu eins um. Ständig rangelt er mit einem anderen Jungen.

Ignazios großes Vorbild: Filmstar Bud Spencer, der sich und seinen Kumpel Terence Hill in zahlreichen Filmchen mit seinen Fäusten auch aus schwierigsten Lebenslagen „heraushaut". Zufälligerweise stammt Bud Spencer aus der gleichen Gegend in Süditalien wie Ignazios Vater. Bis heute verehrt Ignazio den prügelnden Schauspieler. Bald will er sich ein Bild von Bud Spencer als Tattoo stechen lassen.

Die Schlägereien der Grundschüler nehmen an Heftigkeit zu. Eines Tages trifft Ignazio einen Mitschüler so heftig, dass er dessen Nase anbricht. Doch das Blut und der Ärger stoppen ihn nicht, im Gegenteil.

„Ich war nur ein 1,20 Meter kleiner Gartenzwerg und musste mir Autorität und Respekt erkämpfen", versucht er mir 15 Jahre später zu erklären.

Als seine Familie in ein kleines Dorf bei Reutlingen umzieht, sucht er sich dort einige Gleichaltrige, die wie er selbst keiner Schlägerei aus dem Weg gehen.

„Wir waren eine Gruppe von komplett hirnlosen Vollidioten", kommentiert Ignazio in der Rückschau. „Türken, Araber, Russen, Deutsche, Italiener. Wir holten uns gegenseitig zur Schule ab, rauchten eine Zigarette, chillten."

Bald kreist in der Teenagergang der erste Joint. Ein Pfeifchen mit „Gras" sorgt immer öfter dafür, dass niemand mehr Bock hat auf Schule. Gemeinsam schwänzt man den

Unterricht, hängt den lieben langen Tag herum oder zieht planlos durch die Gegend.

Ignazios Eltern werden vom Treiben ihres Sohnes durch die Schule informiert. Wenn Ignazio mal wieder beim Schwänzen oder beim Prügeln erwischt wird, gibt's Post vom Direktor. Ignazio muss zu Hause antreten und wird von seinem Vater windelweich geprügelt. Doch diese Schläge haben keine abschreckende Wirkung. Im Gegenteil. Die Gewalt, die Ignazio zu Hause erlebt, gibt er auf der Straße weiter.

„Damals wäre noch Zeit für einen Cut gewesen", meint Ignazio. Doch statt sich zu besinnen, legt er jetzt erst so richtig los. Schlägereien, Diebstähle und Drogen beherrschen seinen Alltag. Ignazio kokst und nimmt Amphetamine. Nachts stiehlt er sich aus dem Haus und dreht mit seinen Kumpels krumme Dinger. Es ist erstaunlich, dass er trotzdem mit Ach und Krach den Abschluss an der Werkrealschule hinbekommt.

„Mit vier Komma irgendwas", lacht er, „aber immerhin hab ich die Schule geschafft."

„Aus dir wird nichts", gibt ihm eine besonders verhasste Lehrerin noch mit ins Leben. Und tatsächlich hat Ignazio keine Ahnung, was er mit sich und seiner Zukunft anstellen könnte.

Weil er keine bessere Idee hat, beginnt er ein Freiwilliges Soziales Jahr in einer Tübinger Klinik. Er arbeitet sich dort gut ein und bekommt manches Lob für das, was er tut und wie er es tut. Als Pflegehelfer im Krankenhaus und dann in einem Altersheim erlebt er zum ersten Mal, dass er geschätzt wird und dass man ihm Verantwortung zutraut. Gleichzeitig aber macht er auf der Straße weiter „Karriere“: Dort verschafft er sich mit immer größerer Brutalität Respekt innerhalb seiner Clique. Hier überzeugt er mit Schlägen und erkämpft sich mit seinen Fäusten einen zweifelhaften Ruf.

Ignazio führt zwei Leben, die unterschiedlicher kaum sein könnten. In beiden kommt er irgendwie zurecht und ist auf bestimmte Weise glücklich. Dann aber scheitert sein Plan, Krankenpflege zu lernen. Ein Kollege habe ihn „sexuell angemacht“ und sich mit Worten nicht davon abhalten lassen, erzählt Ignazio kleinlaut. Dem habe er dann eine „eingeschenkt“. Da sei die Anmache schnell vorbei gewesen.

Mit der Zukunftsaussicht in der Pflege allerdings ist es damit auch vorbei. Weil Ignazio seinen Kollegen zusammengeschlagen hat, fliegt er raus. Jetzt weiß er nicht mehr weiter. In dieser Stimmung setzt er sich allein auf das Parkhausdach. Ratlos. Verzweifelt. Er lässt sich volllaufen. Und entscheidet sich allen Ernstes für ein Leben auf der schiefen Bahn.

„Ab diesem Zeitpunkt ging's mit mir nur noch bergab“, seufzt Ignazio. Und nennt dann eine Reihe von Stichworten, die sein Leben von da an beherrschen: Kampfsport. Jede Menge Whiskey. Einbrüche. Drogengeschäfte.

Die „intensivste Zeit meines kaputten Lebens“, so bezeichnet Ignazio die nächsten Monate. In der Rückschau hat er keine Ahnung, wie viele Menschen er in dieser Zeit zusammengeschlagen hat. Oder warum er sie überhaupt geschlagen hat. Wie viele Diebstähle er begangen, wie viele Menschen er geschädigt hat.

„Meine Akte wuchs und wuchs und war irgendwann so dick und schwer, dass ich damit später im Knast meinen Bizeps trainieren konnte“, erklärt Ignazio und mag selbst nicht so recht lachen über seinen Witz.

Zwei Jahre lang immer besoffen oder „auf Koks“. Zwei Jahre auf der Straße oder im Bett irgendwelcher junger Frauen, die Kriminelle wie ihn einfach „süß“ finden. Zwei Jahre lang Einbrüche, Diebstähle, Überfälle. Und immer wieder brutale Gewalt. Eine Perspektive hat Ignazio nicht. Eine Alternative auch nicht. Stolz ist er auf seine Kraft. Und auf manch gute Idee, mit der er Einbrüche begeht, ohne erwischt zu werden.

„Ich fühlte mich dabei wie James Bond“, sagt er und lächelt.

Doch nicht immer entwischt er, ohne aufzufliegen. Und so kommt es, wie es kommen muss: erste Verhaftungen, Jugendarrest, Bewährungsstrafen aufgrund von Diebstählen und Körperverletzungen.

Eines Tages raubt Ignazio eine Tankstelle aus. Wieder wird er erwischt und wegen „schwerer räuberischer Erpressung mittels einer Schusswaffe“ angeklagt. Wenig später zettelt er auch noch eine Massenschlägerei an, an deren Ende etliche Opfer ins Krankenhaus müssen. Das Fass, das Ignazio monatelang mit immer neuen Verbrechen gefüllt hat, läuft jetzt endgültig über.

Am 15. Oktober 2017 beginnt für ihn der nächste Lebensabschnitt: hinter Gittern. Wegen der Vielzahl von Verbrechen und Prozessen wandert Ignazio erst einmal von Gefängnis zu Gefängnis und wird von einem Prozess zum nächsten gebracht. Am Ende dieser Phase führen ihn Polizisten mit gezogener Waffe in ein Gerichtsgebäude, Ignazio ist an Händen und Füßen gefesselt.

„Ich fühlte mich wie der berühmte Gangsterboss Pablo Escobar. Ich musste lachen, dass die so viel Trara um so einen kleinen Möchtegern-Gangster wie mich machten."

Dann das Urteil. Vier Jahre Haft, für alle Straftaten zusammen. Ignazio atmet auf, es hätte viel schlimmer kommen können. Die Strafe sitzt er in Adelsheim in Nordbaden ab, Baden-Württembergs Strafanstalt für Männer, die 24 Jahre oder jünger sind. Hier macht er eine Ausbildung im Bereich Metall und kämpft gegen die Eintönigkeit des Knastalltags.

Immer wieder klopft Minke Burkhardt an seine Zelle. Sie kümmert sich im Auftrag des Seehauses um junge Gefangene in der Justizvollzugsanstalt Adelsheim. Beharrlich lädt sie Ignazio ein, er solle doch bei zwei Trainingsprogrammen mitmachen. Zum einen bei einem Training zum Thema „Sozialkompetenz". Zum anderen bei einem zum Thema „Opferempathie". Nur der Hartnäckigkeit der Sozialarbeiterin ist es zu verdanken, dass Ignazio irgendwann zustimmt. Erst viel später wird er merken, dass sein Leben mit dieser Entscheidung endlich eine gute Wendung nimmt.

An das, was er in diesen Trainings lernt, erinnert sich Ignazio sehr genau. Die Arbeitsmappen von damals hält er bis heute in Ehren und liest immer wieder einmal darin. Zum ersten Mal beschäftigt er sich mit den Menschen, die er bestohlen, eingeschüchtert oder niedergeschlagen hat. Zum ersten Mal macht er sich Gedanken darüber, was er seinen „Opfern" an Belastungen aufbürdete. Zum ersten Mal überlegt er, wie es mit seinem Leben eigentlich weitergehen soll.

„Da hab ich auf einmal kapiert, dass ich bisher keinerlei Werte für mein Leben hatte", erzählt Ignazio.

Begleitend zu den Trainingsprogrammen führt er lange, offene Gespräche mit der Seehaus-Mitarbeiterin. Einmal sagt sie ihm dabei, dass sie für ihn und seine Situation bete. Ignazio kann damit nicht viel anfangen. Und doch scheint er zu spüren, dass diese Frau etwas gefunden hat, was ihm fehlt: Werte. Orientierung. Einen Glauben. Ein Lebensziel.

„Minke hat mir einen Kalender geschenkt mit Bibelsprüchen für jeden Monat. Einige dieser Sätze haben mich sehr begeistert. Ich hab mir von einem Kumpel im Knast eine Bibel ausgeliehen und diese Verse dort gesucht. Ich wollte wissen, in welchem Zusammenhang sie stehen. Ich spürte: Die Beschäftigung mit diesen Sätzen bringt mich weg von der schlechten Energie."

Diese radikale Wendung bei Ignazio ist fast zu schön, um sie zu glauben. Doch Ignazio bleibt dabei: „Meine Denkweise hat sich in dieser Zeit total verändert. Ich bin Christ geworden und wollte nun ganz anders leben."

Ignazio muss noch ein Jahr absitzen. Er nutzt diese Zeitspanne, um seine neuen Werte einzuüben. Er fühlt sich geliebt und angenommen. Er lernt, was Vergebung ist. „Mir wurde klar: Ich kann endlich damit aufhören zu schlagen, nur weil ich als Kind und Jugendlicher selbst geschlagen wurde."

Noch im Knast kommt es zu einer Begegnung mit seinen Eltern. Er sieht den Schmerz in den Augen von Mutter und Vater, als sie ihn in Adelsheim besuchen. Ihm wird bewusst, was er ihnen durch sein bisheriges Leben zugemutet hat.

Ignazio nimmt sich anschließend vor: Nie mehr will ich meinen Eltern solchen Schmerz zufügen.

Dann endlich rückt der Termin der Entlassung aus der Haft näher. Minke Burkardt vermittelt einen Kontakt zu ehrenamtlichen Mitarbeitern des Seehauses, Natalie und Flo Hellerich. Beide haben Ignazio schon während seiner Haftzeit besucht. Als er nun entlassen wird, helfen sie ihm bei den ersten Schritten. Er kann eine Wohnung bei ihnen beziehen und bekommt Unterstützung bei Behördengängen und Bewerbungen. Er wird unterstützt beim Hineinwachsen in seinen Glauben an Gott. Und bleibt nicht allein bei dem schwierigen Prozess, ein Leben ohne Gewalt und ohne Kriminalität aufzubauen.

Nach seiner Entlassung fasst Ignazio einen herausfordernden Entschluss: Er möchte sich bei allen Menschen persönlich entschuldigen, denen er Schaden zugefügt oder die er verprügelt hat.

„Ich hab Gott darum gebeten, dass er mir hilft, möglichst viele meiner einstigen Opfer zu treffen und dann auch wirklich mit ihnen reden zu können."

Und tatsächlich: Mal begegnet er „zufällig" in der Stadt jemandem. Mal gelingt es ihm, über gemeinsame Bekannte einen Kontakt herzustellen.

„Ich habe jedem, den ich entdeckt habe, die Hand gereicht", berichtet Ignazio mit großem Ernst in der Stimme. „Ich hab ihm in die Augen gesehen und gefragt: Kannst du mir vergeben?" Viele der früheren Opfer können das tun. Etliche aber weigern sich.

Heute verdient Ignazio sein Geld als Verkäufer in einem Möbelladen. Er lebt mit Freundin und Tochter zusammen und freut sich an seiner kleinen Familie. Für seine Zukunft hat er große, sehr konkrete Pläne: Er will jungen Männern helfen, nicht auf der Straße zu stranden. Dazu baut er einen Verein auf, der „Selbstverteidigung von der Straße für die Straße“ unterrichten und trainieren soll. Damit will Ignazio positive Werte vermitteln und Selbstvertrauen fördern. Ideen, Konzept und Mitstreiter hat er schon. Und einen unbändigen Willen, möglichst vielen jungen Leuten ein so verpfuschtes Leben zu ersparen, wie er selbst es hinter sich hat.

Ignazio will seine Fäuste und seine guten Ideen jetzt dafür einsetzen, etwas Sinnvolles zu erkämpfen. Deshalb lässt er sich ausbilden zum „Gewaltpräventions-Pädagogen“. Zum Fachmann, der dafür sorgt, dass seine Schützlinge eben nicht zuschlagen, sondern andere Wege der Auseinandersetzung lernen.

„Ich habe gelernt, mich selbst zu kontrollieren“, meint Ignazio, „und das will ich auch anderen beibringen. Ich bin dankbar, dass ich meine Erfahrungen schon jetzt gut einsetzen kann.“ Zum Beispiel in einem Parkhaus, in dem er bereits eine Reihe von Jungs trainiert.

Ein Lebensmotto hat der aktive Ignazio sich auch ausgesucht: „Ein gemachter Mann zu sein bedeutet, wirklich etwas gemacht zu haben.“ „Machen“ will er noch viel in seinem Leben. Gutes tun, gerade auch für andere. Daran erinnert ihn sein Motto, wenn er mal durchhängen sollte oder vor großen Problemen steht.

Und die Beziehung zu seinen Eltern? Ignazio strahlt:

„Ich telefoniere jede Woche mit ihnen. Mein Vater wollte neulich ganz genau wissen, was eigentlich das Ziel meines

Vereins ist. Das hat er sich dann alles aufgeschrieben, damit er es auch anderen Verwandten erzählen kann. Und dann hat er mir gesagt, dass er stolz ist auf mich. Das habe ich mir schon mein ganzes Leben lang gewünscht.“

14.

Trotz allem Zukunft

Die Jungs sind in Sicherheit. Weg von Kiew. Weg vom Krieg. Weg von den Raketen, Bomben, Minen. Sie sind in Österreich gelandet, im schönen Salzburger Land. Hier ist Olga im Sommer 2022 mit den beiden bei einer Freundin untergekommen. Die Sorge um ihre Söhne hat sie hierhergeführt.

Aber heute soll gefeiert werden. Ein Fest zur Eröffnung des „Almsommers". Ein Fest, zu dem auch die Flüchtlingsfamilie aus der Ukraine eingeladen ist. Olga ist gespannt. Möchte gerne wissen, wie Österreicher feiern. Gemeinsam mit ihren Söhnen macht sie sich auf den Weg. Doch dann ertönt zum Auftakt des Festes der Ton eines Horns, der alle Feiernden zusammenrufen soll. Olga erbleicht. Dieser Ton erinnert sie fatal an den Luftalarm in ihrer Heimatstadt Kiew.

Gerade noch hatte sie gedacht: Der Krieg ist weit weg, meine Jungs sind ihm nicht mehr ausgeliefert. Ich habe es geschafft, sie hierher zu bringen Und ich selbst habe dabei keinen Schaden genommen. Ich lasse mich nicht kaputtmachen von Angst und Sorgen.

Doch jetzt dieser Ton, den Olga mit Unheil und Schrecken verbindet. Wie aus heiterem Himmel fängt die junge Frau an zu weinen. Und kann nicht mehr damit aufhören. Eine knappe Dreiviertelstunde lang vergießt sie Tränen. Kann sie ihr Schluchzen nicht unterdrücken. Olga ist fix und fertig, ihre Nerven liegen blank. Jetzt bricht sich Bahn, was sie in den letzten Wochen unterdrückt hat und nicht wahrhaben wollte. Der Krieg ist auf einmal wieder da. Mitten im friedlichen Österreich. In Olgas Erinnerungen und Gefühlen breitet er sich aus. Und legt seinen dunklen Schatten über Olgas Leben.

Olga ist eine selbstbewusste, attraktive Frau Ende 30. Mit langem, gepflegtem Haar. Mit schmalen, mandelförmigen Augen in hellblau – exakt in der Farbe ihres Poloshirts.

Aufgewachsen ist Olga bei ihrer Großmutter. Weil ihre Eltern sich schon früh getrennt haben, zieht sie dorthin in ein Dorf im Westen der Ukraine. Hier gibt es weder Telefon noch Kanalisation. Ein ziemlich ereignisloses Leben für ein Kind, für eine Jugendliche.

So nutzt Olga die erstbeste Chance. Sie verlässt nach der 9. Klasse die Schule und auch das Dorf ihrer Oma. Zunächst schlägt sie sich mit verschiedenen Jobs durch. Nach ein paar Jahren kehrt sie dann freiwillig zurück zur Schule und macht ihr Abitur nach. Arbeitet als Mediengestalterin und Designerin. Und sie heiratet. Als der erste Sohn die Familie bereichert, kauft Olga sich einen Fotoapparat. Möglichst viele schöne Szenen von ihrem Baby will sie für ein Album festhalten. Doch erst mal liegt die Kamera nur herum. Die Gebrauchsanweisung ist Olga zu kompliziert. Es dauert, bis sie sich zu einem Fotokurs anmeldet. Und dadurch ihre Leidenschaft entdeckt: das Fotografieren.

Schon mit ihren ersten Arbeiten aus dem Kurs fällt sie einer Galeristin auf. Die gibt ihr kleine Fotoaufträge. Bei einer Vernissage soll Olga Künstler und Gäste fotografieren. Das gelingt Olga so gut, dass sie bald in die Modebranche hineinrutscht. Von verschiedenen Seiten bekommt sie Angebote für spannende Projekte. Bei Modeschauen und Präsentationen ist sie mit der Kamera dabei. Arbeitet zusammen mit Modelagenturen. Fotografiert für Magazine und Zeitschriften. Das einstige Mädchen vom Dorf feiert in der ukrainischen Hauptstadt Kiew Erfolge. „Ein Geschenk fürs Leben", lächelt Olga.

Neben der Glitzerwelt der Mode interessiert Olga sich auch für Sozialthemen. Sie dokumentiert Leben, Lernen und Alltag von Kindern in einem Internat. Sie erinnert mit einer Reportage daran, wie wichtig der Kampf gegen AIDS ist. Olga lebt und arbeitet in zwei Welten: Geld verdient sie in der Modebranche. Ihr Herz aber schlägt dort, wo sie Menschen in schwierigen Lebenslagen fotografieren kann. Und ihnen mit ihren Bildern ein Stück Wert und Würde verleiht.

Anfang des Jahres 2022 begleitet sie mit ihrer Kamera eine Theatergruppe in Kiew. Thema des Stücks sind die Märchen aus 1001 Nacht. Speziell die schöne Erzählerin Scheherazade. Die ukrainischen Tänzerinnen und Tänzer sind mit diesem Programm zu einem internationalen Wettbewerb nach Spanien eingeladen. Olga soll die Proben und den Weg dorthin dokumentieren. Sie tut es so gekonnt, dass ihre Bilder in Spanien gedruckt werden. Zumal die Tänzer aus der Ukraine in Spanien den ersten Platz gewinnen.

Was Olga nicht ahnt: Die Fotos mit den märchenhaften Motiven sind die vorerst letzten, die sie in der Ukraine machen kann.

Am Morgen des 24. Februar 2022 wird die Familie durch den Lärm von Explosionen aus dem Schlaf gerissen. Mit Schrecken nimmt Olga wahr, dass sich der Himmel durch Feuer rot färbt. „Ich bin keine ängstliche Frau, aber das war für mich kaum zu ertragen“, berichtet Olga. Sie kann erst nicht glauben, was sie hört und sieht. Niemand in ihrer Umgebung kann das. Kein Mensch hätte erwartet, dass Russlands Präsident Putin seine Truppen mit so viel Brutalität auf die Ukraine hetzen würde.

Während der nächsten Stunden und Tage bleibt für Olga die Zeit stehen. In ihre Wohnung flüchten sich viele Nachbarn, weil sie sich hier einigermaßen sicher fühlen. Olga bleibt trotz des Bombenlärms ruhig. Sie versucht, Hoffnung auszustrahlen. Kinder und Jugendliche versorgt sie mit Brettspielen, damit sich nicht Angst und Panik unter ihnen verbreiten.

Doch die Einschläge kommen immer näher. Die Nachrichten werden immer bedrohlicher. Zu Tausenden fliehen die Menschen aus der Hauptstadt. Straßen und Bahnhöfe sind vollgestopft von Flüchtlingen. Olga und ihr Mann beschließen zunächst, zu Hause durchzuhalten. Wollen hier das Ende des Kriegs abwarten. „Pack sicherheitshalber einen Notkoffer“, ordnet Olgas Mann an. Und doch sind beide sich einig. Wir bleiben.

Dann aber weckt Olgas Mann sie und die Kinder eines Nachts um 3 Uhr morgens auf. Nur eine Stunde lässt er ihnen Zeit zum Packen des Nötigsten. Aus sicherer Quelle hat er erfahren, dass genau hier am Rand der Stadt, wo seine Familie lebt, schon sehr bald russische Panzer eintreffen werden.

Und diesen Panzern sagt man nach, dass sie ohne jede Rücksicht auf Passanten und auf Autos schießen.

Also los, so schnell es geht. Olgas jüngerer Sohn schnappt sich seine geliebten Lego-Steine. Der ältere nimmt die Katze auf den Arm. Olga selbst lädt die Dokumente und ihre Kamera ins Auto.

Eine dramatische Flucht beginnt. Olgas Mann war beruflich viel unterwegs. Er kennt Schleichwege und Abkürzungen aus der Stadt heraus. Das kommt ihnen jetzt zugute, rettet möglicherweise ihr Leben. Im Zickzack-Kurs versuchen sie, aus der Schusslinie zu geraten. Später erfahren sie, dass mindestens einmal nur kurz nach ihrer Durchfahrt Bomben in die Straße einschlugen.

Nach etwa 24 Stunden sind sie vorläufig in Sicherheit. Gott sei Dank, wie Olga betont. Sie schaffen den Weg zu ihren Schwiegereltern im Westen des Landes. Doch auch hier ist der Krieg schon angekommen. Die Menschen erleben Angriffe aus der Luft. Hören Einschläge von Raketen in der Nähe des Dorfes. Beobachten feindliche Flugzeuge am Himmel.

Die mutige Olga ist verzweifelt. Ihre Hände zittern. Doch sie sorgt sich nicht in erster Linie um sich, sondern um ihre Söhne.

„Hier können die Kinder nicht bleiben", stellen Olga und ihr Mann fest. Ende Mai entscheiden sie sich, weiterzufahren. Nach Österreich. Zu einer Freundin, die ihnen Zuflucht angeboten hat.

Eine sehr schwere Entscheidung. Denn Olgas Mann hat inzwischen seine Mitteilung zur Mobilmachung erhalten. Er muss zurück nach Kiew, um sein Land zu verteidigen. Olga fährt also allein mit den Jungs bis nach Österreich. Noch nie zuvor war sie in Westeuropa. Noch nie so weit weg von Zuhause.

Sie landet in Österreich, ihr Mann in Kiew. Von dort schickt er Bilder von dem Stadtviertel, in dem sie noch vor kurzem zusammengelebt haben. Olga sieht mit eigenen Augen, wie viel dort inzwischen zerstört worden ist.

„Du musst nicht zurückkommen", schreibt ihr Mann dazu. Olga begreift, dass ihre Flucht wohl nicht nach ein paar Tagen zu Ende gehen kann.

„Trotz allem dachte ich immer noch, dass der Krieg meine Seele nicht berührt hätte", erzählt Olga. „Ich habe damals nicht viel über mich nachgedacht, sondern mich für die Jungs eingesetzt. Für sie wollte ich das Beste."

Doch dann besuchen die drei das Fest im Salzburger Land. Olga hört den Ton, der sie an den Luftalarm erinnert. Und bricht zusammen. „Da erst habe ich verstanden, wie angeschlagen meine Psyche ist", murmelt Olga.

Es trifft sich gut, dass sich eine weitere Freundin meldet. Eine ukrainische Künstlerin, die in Stuttgart gelandet ist. Dort hat sie im Kunsthaus Räume für ihre Arbeit zur Verfügung gestellt bekommen. Olga soll ihr dabei helfen, diese Räume herzurichten. Und bei der Gelegenheit soll Olga einen schweren Koffer mitbringen, den die Familie schon aus Kiew mit nach Österreich transportiert hat. Einen ganzen Koffer mit Kunstwerken, die die Freundin jetzt in Stuttgart ausstellen kann.

Am 28. Juni 2022 landen Olga und ihre beiden Söhne mit dem Koffer und ein wenig Gepäck in Stuttgart. Sehr schnell beginnt Olga sich hier wohlzufühlen. Die Hügel der Stadt, das viele Grün, die vielfältigen Kulturangebote – all das erinnert Olga an ihre Heimatstadt Kiew. Eine Gastfamilie nimmt sie auf und kümmert sich rührend um sie. Sie erlebt Menschen, die sie willkommen heißen und unterstützen. Sie schließt Freundschaften. Als Olgas jüngerer Sohn zur Schule kommt, bekommt er nach gutem deutschem Brauch eine Schultüte mit.

Olga selbst kann damit beginnen, in ihrem Beruf zu arbeiten. Im Theater „Rampe" begleitet sie als Fotografin ein Sozialprojekt mit ukrainischen Kindern. Das Leben auf dem „glücklichen Planeten" (so der Titel des Stücks) wird auf kreative Weise dargestellt. Die Kinder drücken auf der Bühne in einer Geschichte aus, was sie selbst beschäftigt. Und wie sehr sie sich nach ihrer Heimat zurücksehnen. Olga freut sich, diese Arbeit mit ihren Fotos dokumentieren zu können. Ihr jüngerer Sohn gehört zu den Kindern auf der Bühne.

Olgas Ältester aber – ein Teenager – tut sich schwer in der neuen Heimat. In der Schule wird er in eine Schlägerei verwickelt, zeitweilig bekommt er Hausverbot. Immer wieder verhält er sich aufmüpfig, ja respektlos gegenüber der Mutter. Manchmal macht er ihr heftige Vorwürfe: Keine Freunde habe er hier. Alles, was ihm wichtig sei, habe er in Kiew zurücklassen müssen. Und *sie* sei schuld. An diesem Vorwurf trägt Olga schwer.

Durch Bekannte erfährt sie von einer Gesprächsgruppe im Leonberger Hoffnungshaus. Hier treffen sich Frauen mit ähnlichen Hintergründen und ähnlichen Problemen, wie sie selbst sie hat. Hier kann sie Fragen stellen, ihre Erlebnisse erzählen, Gehör und Verständnis finden.

Über diese Gesprächsgruppe bekommt Olga schließlich Kontakt zur Opferberatung des Seehauses. In Therapiegesprächen kann sie endlich loswerden, was sie erlebt und erlitten hat. Was sie überfordert und ratlos macht. Hier kann sie mit erfahrenen Therapeutinnen darüber nachdenken, wie sie am besten mit dem Sohn in der schwierigen Lebensphase umgehen kann.

Bei der Opferberatung bekommt Olga eines Tages ein Blatt in die Hand, auf dem sie sich ihren momentanen emotionalen Zustand selbst vor Augen führen soll. Von knallrot bis hellgrün reicht die Farbpalette auf dem Blatt. Rot steht für Panik. Hellgrün für: Alles ist in Butter.

Olga überlegt nicht lange: Wegen der Sorgen um den Sohn und wegen des Kriegs in der Heimat ordnet sie ihren emotionalen Zustand in den ersten Gesprächen als dunkelrot ein. Das Blatt befestigt sie zu Hause an einer Wand. In den Wochen danach kann sie Tag für Tag beobachten, wie es sie mehr in Richtung „hellgrün" zieht. Wie sie den Herausforderungen ihres Lebens immer besser trotzen kann.

Eine große Hilfe dabei ist ihr das sogenannte „Selbstbehauptungstraining", das sie bei der Opferberatung empfohlen bekommt. Hier lernt Olga, ihre Stärken und Schwächen bewusster wahrzunehmen. Sie lernt es, sich durchzusetzen. Nicht klein beizugeben. So bekommt sie immer mehr Boden unter die Füße. Obwohl die Zukunft weiter ungewiss ist.

Immer noch ist Olgas Mann in Kiew und sie mit den Söhnen fast 2.000 Kilometer entfernt in Stuttgart. Immer noch ist ein Ende des Kriegs in der Ukraine nicht abzusehen. Immer noch quälen die Fragen danach, wo die Familie wohnen soll, wenn der Mietvertrag in wenigen Wochen endet. Wo Olga arbeiten könnte. Wie die Zukunft aussehen sollte für sie, die beiden Söhne, die ganze Familie.

Aber Olga gibt nicht auf. „Immer dann, wenn ich ein Problem hatte, mit dem ich allein nicht klarkam, hat mir irgendjemand geholfen“, sagt Olga trotzig. An einer entscheidenden Stelle ihres Weges war die Opferberatung des Seehauses für sie da. Das macht ihr Mut, sich nicht unterkriegen zu lassen. Olga will weiterkämpfen. Und mutig auf die Zukunft zugehen.

15.
Der Beweis

Dass ausgerechnet Krystian mit dem Gesetz in Konflikt kommen könnte, hätten seine Eltern nicht gedacht. Die Mutter ist Hochschullehrerin und der Vater Richter in Polen. Mit seinen drei Geschwistern kommt Krystian 1999 nach Deutschland. Da ist er sieben Jahre alt. Er ist ein neugieriger Schüler, zeigt technische Begabung und hat viele Freunde.

Der Vater pendelt zwischen Polen und Deutschland: Zwei Wochen neue Heimat. Zwei Wochen alte Heimat. Die Mutter müht sich, die heranwachsenden Kinder zu begleiten. Gute Bildung ist ihr wichtig. Sie mahnt und ermahnt. Trotzdem reizen Krystian die verbotenen Dinge. Sie wirken aufregend und spannend. Mit 13 Jahren meldet er sich bei eBay mit falschen Daten an. Er kauft Luftgewehre aus China, die er mit seinem Kumpel auch sofort ausprobiert. In einer Grünanlage reißen sie die Waffen aus der Verpackung. Die Pappe dient ihnen gleich als Ziel und sie ballern darauf los. Auf den Lärm werden Passanten aufmerksam und melden die zwei Jugendlichen. Krystian wird aktenkundig.

Als 15-Jähriger hat er Lust, Motorroller zu fahren. Doch der lange Weg zu Führerschein und Gefährt ist ihm zu mühsam. Mit einem Freund klaut er einen Roller, reißt die Kabel aus dem Zündschloss, stellt einen neuen Kontakt her und startet den Motor. Für den technisch affinen Krystian ist das alles überhaupt kein Problem. Seine Rollertour bringt ihm eine Nacht in einer Arrestzelle und 25 Arbeitsstunden für einen guten Zweck ein. Nichts davon hat eine abschreckende Wirkung auf Krystian, im Gegenteil, seine Akte füllt sich mit Einträgen wie Sachbeschädigung und Diebstahl.

„Bekomm dein Leben auf die Reihe!“, mahnt ihn der Vater. „Muss erst etwas Schlimmes passieren?“ Die Worte des Vaters berühren Krystian. Er reißt sich zusammen und beginnt eine Ausbildung zur Fachkraft für Schutz und Sicherheit. Doch er bricht die Ausbildung ab, um seinen Realschulabschluss nachzuholen. Er will das Abitur schaffen. Krystians ehemalige Freundin wird Mutter und obwohl die beiden kein Paar mehr sind, will er sie unterstützen. Er müht sich, Schule, Geldverdienen und Babyversorgen unter einen Hut zu bringen. Die unterschiedlichen Anforderungen zerren an ihm und er bricht den Kontakt zur Ex-Freundin schließlich ab.

Mit 19 Jahren hat er endlich seinen Realschulabschluss und den schafft er mit einem Notenschnitt von 1,4. Auf dem Berufskolleg soll nun das Abitur folgen, um studieren zu können.

Zu dieser Zeit wohnt er noch immer zu Hause, doch er will raus, etwas erleben, mehr als nur lernen und jobben. Durch seinen älteren Bruder gelangt er in die Partyszene. Sie ziehen durch Klubs und feiern. Die jungen Erwachsenen, die er trifft, kommen wie er aus behüteten Elternhäusern und wollen einfach nur Spaß haben. Krystian trinkt keinen Alkohol, aber Drogen reizen ihn. Er probiert Ecstasy und Amphetamine. Erst kokst er sich high, um sich später wieder down zu kiffen. All das kostet viel Geld. Krystian macht den Umkehrschluss: Wenn man für Drogen viel Geld ausgeben kann, dann kann man auch viel damit verdienen. Wozu also büffeln und buckeln, wenn es auch einfacher ginge?

Kurze Zeit später zieht er sein erstes Drogengeschäft mit drei Kilogramm Ecstasy im Wert von 10.000 Euro durch. „Meine Kunden hatten Niveau. Keiner hat sich vollgekotzt oder herumgegammelt. Außerdem habe ich nie an Minderjährige verkauft."

Aber konnte Krystian überhaupt kontrollieren, in welche Hände seine Pillen rollten? Er lernt die Szene kennen und entwickelt sich zu einem Geschäftsmann. Er ist nicht nur Verkäufer, sondern auch Hersteller und Vertriebler. Er kauft den Wirkstoff MDMA in Rotterdam ein, lässt ihn zu Pillen pressen und verkauft direkt an seine Endkunden. Seine Marge liegt bei 1.300 Prozent. Wenn er an einem Abend 200 Pillen verkauft, nimmt er 2.000 Euro ein. Er selbst ist dabei sein bester Kunde. So aufgedreht, wie er ist, kommt er in einer Woche mit sieben Stunden Schlaf aus. Der Appetit schwindet und Krystian nimmt 25 Kilogramm ab. Er gönnt sich ein Leben im Überfluss: wohnt in einer Hotelsuite, die ihn pro Nacht 350 Euro kostet und lässt sich von einem Taxifahrer chauffieren.

„Je mehr ich konsumierte, umso weniger schlief ich. In meinem völlig übermüdeten und trotzdem gepushten Zustand wickelte ich meine Geschäfte ab. Ich sah aus wie eine Leiche – abgemagert, blass, tiefe Augenringe. Ich hatte zwei Handys mit insgesamt 3.000 Kontakten. Das waren alles gute Kunden und die meisten kannte ich persönlich."

Mit der Zeit zieht Krystian weniger durch die Klubs, sondern verkauft Ecstasy und Amphetamine hauptsächlich im Hotel. Dadurch verdient er weniger, dafür aber stetig. Außerdem ist seine Geschäftsmasche weniger riskant.

Risikofrei ist sie trotzdem nicht. Ein Geschäftspartner von ihm wird auf der Straße erwischt. Er verrät Krystian an die Polizei, der dann für sechs Monate abgehört und beschattet wird. Es braucht drei Beamte, um den jungen Mann zu überwachen, der so gut wie nie schläft.

Seit zwei Jahren führt Krystian diesen Lebensstil und ignoriert die Bitten und Mahnungen seiner Mutter. Sie ist es, die schließlich den Haftbefehl für ihren Sohn entgegennimmt, nachdem die Polizei genug gehört und gesehen hat. Krystians Mutter ist verzweifelt und fleht ihren Sohn an, endlich eine richtige Entscheidung zu treffen. „Hör auf mit diesem Lebensstil!“

Noch nie hat Krystian seine Mutter so aufgelöst und krank vor Sorge gesehen. Er wird nachdenklich und muss sich eingestehen, dass er überhaupt nicht glücklich ist, dass er nicht nur seins, sondern auch das Leben seiner Eltern zerstört. Er ruft bei der Polizei an und lässt sich in Untersuchungshaft bringen.

Nach sechs Monaten Untersuchungshaft wird er nach dem Jugendstrafrecht zu einem Jahr und neun Monaten Haft verurteilt, die auf eine dreijährige Bewährung ausgesetzt werden. Das Urteil fällt milde aus, da man Krystian nicht alle Straftaten nachweisen kann. Und weil er sich einen sehr guten und teuren Anwalt leistet.

In Untersuchungshaft kommt Krystian schneller und leichter an Drogen heran, die sogar noch hochwertiger sind.

Dabei hat er eigentlich vor, sein Verhalten zu ändern, wenn er draußen ist.

„Ich dachte wirklich, ich könnte aufhören und versuchte, mich nach der U-Haft an die Bewährungsauflagen zu halten. Ich zahlte 2.000 Euro als vermögensabschöpfende Leistungen, sozusagen die Umsatzsteuer meiner ehemaligen Drogengeschäfte. Ich ging zur Drogenberatung und zum Test. Doch nichts davon nahm ich ernst und schon beim zweiten Test wurden Drogen nachgewiesen. Das wars mit meinen guten Vorsätzen."

Er wird erneut verurteilt. Sein neues Strafmaß beträgt nun vier Jahre und fünf Monate. Er wird vorübergehend in der JVA für Jugendliche in Adelsheim untergebracht, doch weil er inzwischen schon 22 Jahre alt ist, soll er in eine Anstalt für Erwachsene verlegt werden. Noch in Adelsheim sieht er ein Plakat des Seehauses.

„Die Bilder waren total cool. Nur das Joggen am Morgen gefiel mir nicht. Ich habe einen Tag nachgedacht, denn ich wusste, dass ich mich im Gefängnis nie verändern werde. Es musste etwas anderes geschehen. Ich habe dem Seehaus einen Brief geschrieben und mich für den Strafvollzug in freien Formen beworben."

Zwei Tage nachdem er den Brief abgeschickt hat, wird Krystian in die JVA für Erwachsene nach Freiburg verlegt. Denn die ernüchternde Realität lautet: Er ist zu alt für das Seehaus-Projekt. Doch sein Brief bewegt Tobias Merckle und Irmela Abrell. Nach vier Monaten erwirken sie eine Ausnahmeregelung beim Justizminister von Baden-Württemberg und Krystian darf ins Seehaus einziehen.

„Das war mein Weihnachtsgeschenk. Am 21. Dezember 2015 zog ich ein. Inzwischen war ich 23 Jahre alt und diesmal wollte ich meine Chance nutzen. Ich hatte ein gutes Leben und habe es mir schlecht gemacht.“

Krystian lässt sich auf die Anforderungen ein, die ein Seehaus-Anwärter bewältigen muss. Er will sich verändern und verändern lassen.

Sein Vater mahnt ihn wieder und wieder: „Muss erst etwas Schlimmes passieren, damit du dich änderst?“ Und selbst in den schwierigsten Momenten fügt er hinzu: „Ich liebe dich trotzdem.“

Krystian will es ihm beweisen. Doch dann passiert das Schlimme! Der Vater stirbt. Es ist eine tiefe Erschütterung, eine große Trauer und zugleich die Aufforderung für Krystian: Jetzt erst recht!

Sein Vater hatte immer gern mit Holz gearbeitet und in seiner Freizeit alte Möbel hergerichtet. Krystian entscheidet sich nun, im Seehaus eine Ausbildung zum Schreiner zu machen. Es ist eine Möglichkeit, um sich mit dem Vater verbunden zu fühlen.

Neben Arbeit und den unterschiedlichen Bildungsprogrammen gehören ehrenamtliche Einsätze zum Alltag im Seehaus. Alle zwei Wochen ziehen die „Jungs“ an einem Samstag zu Hilfseinsätzen nach Leonberg. Mal wird eine Scheune ausgeräumt, mal etwas repariert. Doch nicht jeder Seehaus-Junge darf daran teilnehmen, sondern nur, wer sich das Vertrauen verdient hat. Jeder Einsatz gleicht einer Auszeichnung und stärkt die jungen Männer, sich gesellschaftlich zu engagieren.

„Ein schweres Unwetter hatte damals die Musikschule in Leonberg geflutet. Überall waren Schlamm und Dreck. Wir wurden dahin geschickt, um aufzuräumen. Wir zogen Plastiktüten über die Stiefel und standen bis zu den Knien im Dreck. Es war richtig harte Arbeit, aber es war großartig zu sehen, wie nach und nach der Boden wieder sichtbar wurde. Wir taten etwas Gutes und das hat uns alle total motiviert. Dieser Einsatz war sogar richtig schön."

Krystian lernt, was er nur lernen kann, und sein Traum, Geschäftsmann zu werden, scheint realistisch zu sein. Die Seehaus-Mitarbeiter ermutigen die Jungs, selbstständig und eigenverantwortlich zu handeln.

„Als ich ins Seehaus kam, war ich wie ein faules Obst. Von außen sah man mir nicht an, wie faulig mein Kern war. Es war, als hätten die Menschen im Seehaus meinen Kern ausgetauscht. All die Gespräche und Strukturen, die Disziplin und Programme, selbst der Frühsport waren Teil meines Veränderungsprozesses. Es hat fast ein halbes Jahr gedauert, bis ich akzeptierte, dass sich in meinem Inneren etwas verändern muss und kann. Dann bin ich sogar gern um 5:30 Uhr aufgestanden, um joggen zu gehen. Ich fing an, eine Perspektive für meine Zukunft zu sehen, wurde ausgeglichener und freundlicher, selbst Schimpfwörter gewöhnte ich mir ab. Zu sehen, was ich alles ohne Drogen schaffen kann, hat mich motiviert. Ich war dankbar, dass ich im Seehaus war. Vieles ist wieder gut in mir geworden und zugleich sehe ich, was ich alles falsch gemacht habe."

Aufgrund seiner guten Führung verkürzt sich Krystians Haftzeit um fast zwei Drittel. 2017 wird er entlassen.

Er findet zunächst eine Anstellung als Küchenplaner. Doch bald kann er die Geschäftsweise seines Chefs nicht mehr mit seinem Gewissen vereinbaren. „Der hat die Kunden abgezockt! Für wenig Leistung hat er viel Geld genommen."

Krystian kündigt und findet durch seine Seehaus-Kontakte einen Job in der Nähe von Leonberg. Neue Stadt. Neue Arbeit. Neue Partnerschaft. Sein Leben findet Stabilität und Krystian hat weitere Ziele. Er will sich selbstständig machen. Mit seinem Chef bespricht er seine Ideen, wird ermutigt und geht dann auf die Suche nach einer Immobilie. Eins hat Krystian nie verlernt: Kontakte knüpfen. Diese Fähigkeit nutzt er, um den Traum einer eigenen Firma umzusetzen.

Heute ist Krystian in einer festen Beziehung und hat zwei Kinder. „Meine Familie ist meine größte Motivation. Ich weiß, dass ich alles verlieren könnte, wenn ich eine falsche Entscheidung treffe ... und auch ... ich wollte es meinem Vater beweisen. Das habe ich und tue es noch immer."

16.

Immer ein bisschen stärker

Wie konnte ich nur so dumm sein? Wie konnte ich nur reinfallen auf einen solch raffinierten Betrüger? Wie stehe ich jetzt da vor meiner Familie?

Barbara ist verzweifelt. An einem kalten, grauen Januartag im Jahr 2019 ist sie stundenlang mit dem Auto rund um Stuttgart unterwegs. Hier in der Gegend hat sich die damals 73 Jahre junge, aktive Frau eine Eigentumswohnung in der Nähe ihrer Kinder und Enkel gesucht. Doch die Familie gibt ihr jetzt auch keinen Trost, im Gegenteil.

„Warum hast du uns angelogen?“, musste Barbara sich anhören. Dieser Satz ihrer Tochter gab ihr den Rest. Bloß weg. Ab ins Auto. Losfahren, einfach irgendwohin.

Auf einer Brücke hält sie an. Steigt aus. Nimmt wahr, wie hoch die Brücke über den Talgrund aufragt. Tränen laufen ihr über die Wangen. Sie fühlt sich mutterseelenallein und völlig fertig. Soll sie jetzt einfach springen? Bevor sie diese Frage beantworten könnte, reißt die Wolkendecke auf. Wo gerade noch grau in grau zu sehen war, sorgen jetzt Sonnenstrahlen für Licht und Wärme. Ein Rettungszeichen in letzter Minute.

Die Sonne gibt Barbara neue Kraft. Sie verlässt die Brücke. Steigt wieder ins Auto und fährt heim. Allmählich wird sie bereit dazu, sich der Situation zu stellen. Einer Situation, die ihr nie hätte zustoßen dürfen. Ihr, der starken, unbeugsamen Frau, die für so viele Menschen schon so viel Gutes bewirkt hat. Die eine ausgesprochen positive Haltung zu sich selbst und zu anderen Menschen hat. Und die von sich selbst immer sagen konnte: „Ich bin ein Mensch, der nie aufgibt. Ich komme immer wieder auf die Beine."

Wer ihre Geschichte kennt, kann nur staunen, dass Barbara bisher so gut zurechtgekommen ist mit ihrem Leben. Erst seit ein paar Jahren kennt sie das dunkle Geheimnis ihrer Herkunft: Auf der Flucht ist ihre Mutter vergewaltigt worden. Das Ergebnis ist sie. Barbara, zu Deutsch: die Fremde. Schon früh bemerkt sie, dass ihre fünf großen Brüder irgendwie anders sind als sie. Erst viel später erfährt sie, dass sie nur überleben durfte, weil sie ein Mädchen war. Als Flüchtlingskind erlebt sie Gewalt in vielen Formen. Sie wird gemobbt, verprügelt, von Betreuern in einem Kinderheim krankenhausreif geschlagen (und verliert dabei eine Niere).

Doch auf schier wundersame Weise entwickelt sie trotz allem ein gesundes Selbstbewusstsein. Glaubt an sich und glaubt an andere Menschen. Lernt einen Beruf (grafische Zeichnerin), heiratet, bekommt zwei Töchter. Ehrenamtlich setzt sie sich für Menschen ein, die ihre Hilfe brauchen können. Nachdem sie selbst eine schwere Krebserkrankung überwunden hat, besucht sie regelmäßig Menschen im

Krankenhaus, die mit Krebs in Magen oder Darm zu kämpfen haben.

„Wenn ich das geschafft habe, dann könnt ihr das auch schaffen“, ist ihr Credo. Eine unbeugsame Frau. Eine, die anderen von ihrer Lebenserfahrung und ihrer Kraft abgibt.

Dabei bekommt Barbara im Laufe der Jahrzehnte eine Menge zu tragen. Die erste Ehe scheitert. Der zweite Ehemann stirbt. Barbara fühlt sich gelegentlich einsam, mitten in all den Aufgaben und all dem Trubel, die ihr Leben ausmachen.

Und so kommt der Moment, der Barbaras Leben radikal verändern wird. Der sie an den Abgrund bringt. Aber letztlich auch zu einer ganz neuen, wertvollen Berufung.

Alles beginnt ganz harmlos: Ein Unbekannter meldet sich per Facebook. Barbara ist nicht sehr vertraut mit den sozialen Medien. Sie staunt erst, dass man über Facebook auch telefonieren kann. Sie staunt noch mehr, dass da ein wildfremder Mann ausgerechnet sie fragt, ob sie sich eine – wie er das nennt – „Fernfreundschaft“ mit ihm vorstellen könnte. Er sei Amerikaner, verwitwet, auf der Suche nach einem lieben Menschen, behauptet er. Und er tut das in vorzüglichem Deutsch. Er drückt sich so gewählt, so kultiviert, so angenehm höflich aus, dass Barbara einfach nur begeistert ist.

Wie konnte ich damals nur auf diesen Kerl hereinfallen?, fragt sie sich heute. Doch damals war da einfach nur ein ausgesprochen willkommener Gesprächspartner. Endlich wollte mal ein Mensch wissen: „Wie geht’s dir heute, Barbara?“ Endlich sagte ihr mal jemand: „Ich freue mich, deine Stimme zu hören.“ Barbara genießt solche Sätze. Saugt sie auf. Bezieht

Kraft daraus. Ihr Gesprächspartner scheint das ganz genau zu spüren. Er liefert immer weitere solcher Sätze. Und umgarnt Barbara damit wie eine Spinne, der eine Fliege ins Netz gegangen ist.

Eines Tages berichtet Barbaras „Fernfreund“, dass er angeblich für ein paar Monate auf einer Bohrinsel arbeiten müsse. Etwas später dann, dass ihm hier eine lebenswichtige Wärmejacke zerrissen sei und er dringend Ersatz brauche. Für 400 Euro. An die er gerade nicht herankäme. Ob Barbara vielleicht so gut sein könnte? Keine Frage, Barbara hilft dem „Freund“. Sie schickt ihm Geld, einfach so. Später überweist sie einen Betrag zum Geburtstag seiner angeblichen Tochter. Und anschließend immer mehr und immer größere Summen. Insgesamt mehr als 40.000 Euro.

Unfassbar viel Geld an einen Unbekannten. Doch Barbara bleibt blind. In ihr wächst die Hoffnung, dass ihr angeblicher „Freund“ schon bald zu ihr in den Großraum Stuttgart kommen und sie besuchen könnte. Sogar nach einer gemeinsamen Wohnung solle sie sich schon mal umsehen, bittet er sie.

„Ich war so furchtbar gutgläubig“, berichtet Barbara in der Rückschau. Bis heute kann sie nicht fassen, in welch eine gemeine Falle sie da getappt ist.

Zum Glück riechen ihre Tochter und ihr Enkelsohn Lunte. Eines Tages stellen sie Barbara zur Rede.

„Du bist so komisch“, muss Barbara sich anhören. „Irgendetwas stimmt nicht mit dir. Du verschweigst uns etwas.“

Barbara streitet alles ab. „Das geht euch nichts an!“, fährt sie ihre Tochter an.

„Du lügst doch!“, meint die Tochter. Und trifft Barbara mit diesem Urteil ins Mark. Niemals im Leben wollte sie den liebsten Menschen gegenüber die Wahrheit verschweigen.

Doch ihr Enkelsohn weiß zu ihrem Glück längst, was Sache ist. Schließlich hat er der Oma den Laptop eingerichtet. Er hat zumindest mitbekommen, dass seine Großmutter eine merkwürdige Beziehung im Netz pflegt. Als er Barbara mit seinen Beobachtungen konfrontiert, bricht sie zusammen. Sie schämt sich zutiefst und ist entsetzt von sich selbst. Fühlt sich anklagt und verstoßen von ihrer Familie. Aufgewühlt und verletzt setzt sie sich ins Auto. Irrt ziellos durch die Gegend. Spielt mit dem Gedanken, ihrem Leben ein Ende zu setzen. Und wird Gott sei Dank von den Sonnenstrahlen auf einer Brücke vor Schlimmerem bewahrt.

Jetzt kommt Bewegung in die Sache. Gemeinsam mit der Polizei macht sich ihr Enkel auf die Suche nach dem Betrüger. Der scheint ein Profi zu sein, denn er hat sämtliche Hinweise auf seine Person bestens verwischt. Trotz aller Versuche und Ermittlungen – irgendwo in Kambodscha verliert sich die Spur. Bis heute weiß Barbara nicht, mit wem sie da zwei Jahre ihres Lebens in einer sehr einseitigen „Fernbeziehung“ lebte. Bis heute, vier Jahre nachdem sie plötzlich der Wahrheit ins Gesicht sehen musste, stottert sie in Raten von 600 Euro pro Monat den Kredit ab, den sie wegen des Betrügers hatte aufnehmen müssen.

Wie konnte ich damals nur so dumm sein? Wie konnte ich nur auf einen solchen Betrüger reinfallen? Barbara zermartert sich mit Selbstvorwürfen. Fühlt sich schuldig ihren Kindern gegenüber. Ist verzweifelt. Kann mit niemandem offen reden über den Wust an Gefühlen, der ihr schlaflose Nächte bereitet.

Da meldet sich eine ihrer Töchter bei ihr. Sie entschuldigt sich dafür, dass sie zunächst so hart und verständnislos auf die Enthüllungen reagierte. Und empfiehlt der Mutter eine Beratungsstelle, bei der sie über ihre Erfahrungen sprechen und vielleicht auch Hilfe bekommen könnte. Barbara greift zum Telefon. Ruft an. Und landet wenig später bei Elvira Pfleiderer, die im Seehaus den Bereich „Opfer- und Traumaberatung“ leitet.

„Ich hatte damals wirklich Angst davor, dass ich mein Leben nicht mehr auf die Reihe kriegen würde“, gesteht Barbara heute. „Ich fühlte mich schuldig. Ich war tief enttäuscht von mir selbst. Aber ich konnte mit niemandem über diese Gefühle sprechen.“

Das Gesprächsangebot vom Seehaus kommt da wie ein Geschenk des Himmels. Endlich ist da jemand, der Barbara zuhört, ohne ihr Vorwürfe zu machen. Endlich ist da jemand, der ihr klarmacht: Du musst dich nicht schämen. Du musst dich nicht als Täterin fühlen. Du bist das Opfer.

Barbara entdeckt in vielen Gesprächen mit ihrer Therapeutin ein Gefühl, das sie vorher nie zugelassen hat: Wut. Sie entwickelt eine unbändige Wut gegen diesen unbekannten Täter und seine fiesen Methoden.

Zwei Jahr lang wird sie in diesem Prozess unterstützt durch Elvira Pfleiderer. Barbara lernt ganz allmählich, sich selbst zu vergeben. Sie fühlt sich an der Hand genommen und begleitet, wird allmählich wieder zu der starken Frau, die sie vor dem Betrug war. „Du hast allen Grund, aufrecht zu stehen“, macht die Therapeutin Barbara klar. Behutsam wachsen in ihr wieder das Vertrauen zu sich selbst und das Vertrauen zu anderen Menschen.

Eines Tages verblüfft Barbara ihre Therapeutin mit einer Bitte: „Ich würde gerne mal Tätern in die Augen schauen“, verkündet sie. „Ich würde gerne mit Tätern über ihre Tat sprechen und hören, was sie dazu veranlasst hat. Vielleicht kann ich dann verstehen, warum Menschen anderen Menschen so etwas antun.“

Die Seehaus-Mannschaft setzt alles daran, den ungewöhnlichen Wunsch in die Tat umzusetzen. Und so landen Barbara und ihre Therapeutin wenig später in der Justizvollzugsanstalt Offenburg, im Süden Baden-Württembergs. Dort erwartet sie eine illustre Runde von etwa zehn Strafgefangenen, die allesamt so einiges auf dem Kerbholz haben: Drogendelikte, Raub, Einbrüche, sogar einen Mord.

Barbara begegnet den Männern ohne Scheu und erzählt ihnen zunächst ihre Geschichte. Nicht nur vom Betrug berichtet sie, sondern vor allem auch vom anschließenden Gefühlswirrwarr. Von den extremen Spannungen in der Familie. Von dem tiefen Loch, in das sie gefallen war. Von den Lasten, an denen sie bis heute zu schleppen hat.

Die Strafgefangenen hören wie gebannt zu. Einer vergießt sogar Tränen. Viele stellen Fragen, wollen genauer wissen, was Barbara da erlebt hat und was die Tat mit ihr und ihrer Familie gemacht hat.

„Ich hab sie mir angeschaut, diese Männer, jeden einzelnen“, erinnert sich Barbara. „Und dann hab ich ihnen gesagt:

Macht euch klar, was ihr bei den Menschen hinterlassen habt durch eure Taten. Macht euch bewusst, welche Last ihr ihnen und ihren Angehörigen aufbürdet."

Ob ihre Botschaft auf fruchtbaren Boden gefallen ist? Barbara hofft es. Sie umarmt zum Abschied jeden Einzelnen der Gewalttäter, Diebe und Dealer, sogar den Mörder. Jedem flüstert sie ins Ohr: „Vergiss niemals das, was du bei anderen Menschen hinterlässt."

Barbara fühlt sich erleichtert nach der Begegnung mit den Schwerverbrechern. Sie konnte ihre Botschaft loswerden. Und sie kann die Sicht der Täter nun wenigstens etwas besser verstehen.

Bei diesem Gespräch entdeckt die heute 77-jährige lebenslustige Frau eine neue Berufung: Mit Strafgefangenen sprechen. Sich für sie interessieren. Ihnen zuhören. Aber ihnen auch die eigene Geschichte zumuten.

Etliche Gefängnisse hat sie inzwischen besucht und mit vielen Strafgefangenen gesprochen. Besonders ans Herz gewachsen sind ihr dabei die „Jungs" aus dem Seehaus. Auch sie rechtskräftig verurteilte Verbrecher. Nicht hinter Gittern weggeschlossen, aber ansonsten in einer ähnlichen Lage wie ihre „Kollegen" drinnen im Knast.

„Ich bin immer wieder entsetzt, wenn ich höre, aus was für kaputten Familien viele der Seehaus-Jungs kommen", berichtet Barbara. „Ich bin fest davon überzeugt: Menschen werden nicht böse geboren, sie werden von ihrem Umfeld böse gemacht. Darüber spreche ich mit ihnen. Und ich versuche ihnen Mut dazu zu machen, über ihre Taten und deren Folgen nachzudenken. Und dann eben nicht mehr rückfällig zu werden."

„Mir tun diese Gespräche gut“, zieht Barbara Bilanz. „Ich hab dabei viel gelernt. Inzwischen fühle ich mich zu Hause unter den Jungs vom Seehaus. Ich alte Frau unter den ganzen jungen Kerlen. Ich versuche, als ehrenamtliche Mitarbeiterin dort zu helfen, wo man mich und meine Geschichte brauchen kann. Ich fahre in Gefängnisse oder berichte bei Vorträgen. Dabei bin ich immer ein bisschen stärker geworden. Das Verbrechen, das mich so lange gequält hat, konnte ich gut verarbeiten. Heute sind meine Augen wieder ganz offen für Menschen, denen ich mit meiner Lebenserfahrung helfen kann.“

17.

Ein guter Grund

Es dämmert noch nicht einmal. Man kann nur ahnen, wo der bewaldete Hügel endet und der Himmel beginnt. Es ist 5:45 Uhr, ein Dienstag im März und die jungen Männer schleppen sich durch die feuchte Dunkelheit. Der Frühsport fordert die „Jungs" genauso heraus wie ihre Hausväter.

Heute gibt Andreas das Tempo vor. Den Morgenlauf absolviert er am besten, wenn er nicht darüber nachdenkt. Einfach machen: aufstehen, Laufschuhe anziehen und los.

Während Andreas mit 15 jungen Männern durch das Glemstal joggt, kann seine Frau Sophia etwas ruhiger in den Tag starten. Doch sobald die zwei kleinen Söhne aufwachen, segelt Familie Brauchle in ihre besondere Tagesstruktur. Sie sind Hauseltern einer Wohngemeinschaft mit straffällig gewordenen Jugendlichen. Im ersten Stock des Seehaus-Neubaus bewohnen sie eine kleine Wohnung. Zwei Türen trennen sie vom Wohnbereich mit den Jungs. Es sind keine schweren Gittertüren, sondern Holztüren. Sie sind so leicht, dass der dreijährige Henri sie allein öffnen kann.

Heute ist ein besonderer Tag, denn einer der jungen Männer hat Geburtstag. Er wird 17 Jahre alt. Und es ist sein erster Geburtstag, der tatsächlich gefeiert wird. Die Kinder sind so aufgeregt, als wäre es der eigene Geburtstag. Henri steht im Schlafanzug an der Tür und möchte rüber. Er liebt es, bei den großen Jungs zu sein. Dort steht sein Bobbycar und dort kann er viel besser flitzen als in der kleinen Wohnung seiner Eltern. Außerdem ist immer jemand da, der mit ihm Fangen spielt. Sophia erklärt ihm, dass er sich noch kurz gedulden muss, denn das Frühstück beginnt pünktlich um 6:45 Uhr. Als Mama und Hausmutter hat sie alle Hände voll zu tun. Auf ihrer Hüfte hält sie den jüngeren Sohn Michel, der fröhlich vor sich hinplappert.

Endlich! Mit einem Hefezopf, selbst gemachter Erdbeermarmelade und einem Geburtstagslied stürmen die Kinder in den gemeinsamen Wohnbereich, gefolgt von ihren Eltern. Das Geschenk gibt es am Abend, wenn die Gäste kommen und wenn Zeit ist, um entspannt zu feiern.

Über dem großen Esstisch baumeln heute Girlanden und Luftballons. Michel staunt. Selbst auf der Sitzfläche eines Stuhls kleben Ballons. Henri stupst dagegen und man hört ihn denken: Soll sich das Geburtstagskind da daraufsetzen?

Der strenge Zeitplan wird eingehalten und trotzdem feiert man den Moment. Andreas hat ein Tischfeuerwerk mit Spielzeug mitgebracht. Einer der Jungs zündet es und kokelt dabei die Tischplatte an. Das Ding explodiert und Plastikkram purzelt über den Tisch. Die Jungs probieren die Trillerpfeifen und Hüpffrösche aus. Henri und Michel sehen ihnen mit großen Augen zu.

„Magst du das haben?" Einer der Jungs zeigt Michel eine rote Pfeife. Der Kleine nickt. Es ist laut und man plaudert, reicht sich Essen, sagt Bitte und Danke. Einer schenkt den anderen Kaffee ein, einer holt seine private Teebeutelsammlung und bietet sie an – eine ganz normale Tischgemeinschaft und doch ist alles anders. Hier werden Umgangsformen erlernt. Hier können die Jugendlichen zeigen, dass sie aufmerksam und hilfsbereit sind.

Sophia bringt das Gespräch immer wieder ins Rollen, wenn es droht in Müslischalen zu versacken oder im schwarzen Kaffee zu ertrinken. Manche Jungs erzählen, lachen, diskutieren, andere sitzen müde und gedankenversunken da.

Das, was so gewöhnlich, leicht und lebendig aussieht, ist ein durchdachtes Konzept. Hauseltern und ihre Kinder schaffen eine Atmosphäre, in der Vertrauen wachsen kann.

Michel plappert. Es sind Silben, aber wenn man gut zuhört, erahnt man ein Wort. Einer der Jungs reagiert. Offenbar hat er gelernt, gut hinzuhören und in der Mimik von Michel zu lesen. Der Kleine möchte den blauen Plastikvogel haben und er bekommt ihn.

„Für Aufräumen und Putzen gibt es heute keine Bewertung", sagt Sophia und die Jungs jubeln. „Trotzdem wird alles gründlich gemacht!" Teller werden gestapelt, Tassen scheppern, Stühle rutschen über den Boden und Müslidosen werden in den Schrank geräumt. Es ist 7:15 Uhr. Der Tag spult seine Routine ab.

Seit zweieinhalb Jahren sind Sophia und Andreas Hauseltern, doch eigentlich hatten sie andere Pläne. Als das junge Paar 2018 geheiratet hatte, gingen sie mit einer kleinen Organisation nach Haiti und betreuten dort ein Waisenhaus mit 30 Kindern, ein Schulpatenschaftsprojekt mit ca. 300 Familien. Sie bauten Beziehungen zu den haitianischen Mitarbeitern auf. Für sie war klar, dass sie ihr Leben gemeinsam mit und für Menschen gestalten möchten. Ihr Hochzeitsvers war zugleich Grund und Motivation: „Wir lieben, weil Gott uns zuerst geliebt hat."

Und einen guten Grund brauchte das Paar um durchzuhalten, denn politische Unruhen erschütterten Haiti. Es herrschten Korruption, Bandenkriege, und die andauernde Knappheit an Lebensmitteln und medizinischer Versorgung lösten eine humanitäre Krise aus. 2019 wurde Sophia schwanger. Es ging ihr nicht gut. Statt Gewicht zuzunehmen, nahm sie ab. Für alles fehlte ihr die Kraft. Um das Baby nicht in Gefahr zu bringen, willigte Sophia ein, nach Deutschland zu fliegen. In der Zwischenzeit wollte Andreas alles für seine kleine Familie herrichten. Er baute ein Babybett, Regale und legte einen Garten mit schattenspendender Terrasse an.

Zur Geburt reiste dann auch Andreas nach Deutschland, hoffend, dass sie bald zu dritt auf die Insel zurückkehren würden. Doch die Unruhen in Haiti nahmen zu, Reisepläne wurden verschoben. Letztendlich erhielten sie im April 2020 eine endgültige Absage von der Organisation. Ihr Hilfseinsatz war zu gefährlich.

Wo könnten sie nun ihren Traum einer Lebensgemeinschaft verwirklichen? Dann erreichte sie die Anfrage von Irmela Abrell. „Wollt ihr Hauseltern im Seehaus werden?"

Andreas war seit Jahren freundschaftlich mit dem Seehaus verbunden. Er hatte dort sein Praxissemester als Student verbracht und nach dem Studium der Sozialen Arbeit eine Ausbildung zum Zimmerer in der Seehaus-Zimmerei gemacht. Das Seehaus wurde sein zweites Zuhause. In dieser Zeit hatte ihn Sophia besucht und ihre Semesterferien bei ihm im Seehaus verlebt.

Nur drei Monate nach Irmelas Frage zog die junge Familie in den Neubau. Sie mussten nicht lange überlegen. Das Seehaus war ein guter Grund, um in Deutschland zu bleiben. Sie wussten, was gesunde Beziehungen bewirken können, und wenn der Traum einer Gemeinschaft nicht in Haiti zu leben war, dann würde ihr Weg in Württemberg weitergehen.

Obwohl die beiden viel pädagogische Erfahrungen mitbrachten und sich psychologisch schulen ließen, erleben sie immer wieder Grenzsituationen. Denn Konflikte gibt es täglich. Wenn sich ein Jugendlicher angegriffen fühlt, die Wut sich in ihm zusammenknüllt und er in Angriffshaltung geht, heißt es: Ruhig bleiben. Ruhig atmen. Ruhig den Augenkontakt suchen. Sophia macht sich in solchen Situationen bewusst, dass der junge Mann nicht sie persönlich meint, sondern eher ihre Rolle als Hausmutter.

Sophia lernt, Spannungen auszuhalten, denn manche Konflikte können nicht sofort geklärt werden. Es braucht Zeit. Zeit, um abzukühlen. Zeit, um die Wuttreppe, die der Jugendliche innerhalb von Sekunden hochgejagt ist, wieder herunterzukommen. Zeit, um die Situation aus einem anderen Blickwinkel betrachten zu können. Erst dann gehen sie miteinander ins Gespräch: Wie ist es zu diesem Konflikt gekommen? Was hast du gefühlt? Was hätte ich anders machen können? Was nehmen wir uns vor fürs nächste Mal?

„Entschuldigung" ist ein Schlüsselwort im Miteinander. Familie Brauchle lebt so eng mit den jungen Männern zusammen, dass diese auch Konflikte zwischen dem Paar mitbekommen. Doch genauso erleben sie, dass sich Andreas und Sophia entschuldigen und versöhnen. Sie entschuldigen sich sogar bei ihren kleinen Söhnen, wenn sie eine Situation falsch eingeschätzt haben.

Sich zu entschuldigen, ist kein Zeichen von Schwäche! Es braucht viele Situationen, in denen die Jungs das lernen können. Sie müssen nicht Stärke demonstrieren, sie müssen nicht so tun als ob. Andreas achtet darauf, dass der Respekt, den er bekommt, nie zu einem Machtgefälle mutiert. Ständig muss er sich selbst reflektieren, sich schulen lassen und sich daran erinnern, was sein guter Grund ist, um im Seehaus zu arbeiten.

Häufig wird Sophia gefragt, ob sie keine Angst um ihre Kinder habe. Ist das nicht gefährlich mit Häftlingen? Wie kannst du das deinen Kindern zumuten? Immer wieder antwortet sie, dass Beziehungen das Wichtigste seien. „Die jungen Männer lieben meine zwei Jungs, sie kümmern sich und streiten sich sogar, wer den Kinderwagen schieben darf. Sie füttern Michel oder trösten Henri, wenn er hingefallen ist. Sie sehen sich als große Brüder. Das Gefühl von Verantwortung und Vertrauen, das wir ihnen entgegenbringen, macht so viel aus!“

Die Jungs haben keinen schlechten Charakter. Sie trafen falsche Entscheidungen und begingen Straftaten, für die sie Verantwortung tragen müssen. In ein paar Monaten werden sie entlassen, sind wieder Teil der Gesellschaft und man sieht ihnen nicht an, dass sie Häftlinge waren.

Für Sophia ist klar: „Dann doch lieber jetzt in sie investieren und mit ihnen Beziehungen bauen, Empathie und

Verantwortungsgefühl für sich, andere und die Gesellschaft entwickeln, um straffrei zu leben. Eine Straftat definiert nicht den ganzen Menschen. Die Jungs sind mehr als ihr Versagen und es ist noch nicht zu spät, um einen anderen Weg einzuschlagen."

Je besser Sophia und Andreas die Jungs kennenlernen, umso besser verstehen sie die Hintergründe ihrer Taten. Viele von ihnen wuchsen in einem gewalttätigen Elternhaus auf. Sie wurden geschlagen, weil sie störten oder im Weg standen oder zu laut waren oder ... Gewalt als Verhaltensmuster wurde ihnen eingeprügelt. Woher sollen sie wissen, dass es andere Wege gibt, um mit Unsicherheit, Angst oder Wut umzugehen?

„Wenn ein junger Mann neu bei uns ist, testet er uns aus", erzählt Andreas. „Er tut etwas Verbotenes und schaut, wie wir reagieren. Ob wir nachtragend sind und ob wir sie immer noch mögen. Sie können es oft nicht glauben, dass wir es tatsächlich gut mit ihnen meinen. Ich bin überzeugt, dass fürsorgliches Verhalten und Mitgefühl nur auf der Beziehungsebene erlernt werden können."

Obwohl Andreas und Sophia viel Verständnis für die jungen Männer haben, erwarten sie, dass Verantwortung für Taten übernommen wird. Niemand kann ihnen das abnehmen! Ihr Verhalten hat Konsequenzen im Leben ihrer Opfer, der Gesellschaft und in ihrem eigenen.

Für alles gibt es im Seehaus feste Zeiten, selbst für das Rauchen. Wenn einer unerlaubt raucht und aus seinem Lügenkonstrukt nicht mehr herauskommt, ist das ein Vertrauensbruch, der harte Konsequenzen hat. In extremen Fällen kann es sogar eine Rückführung ins Gefängnis bedeuten. Bricht aber jemand die Raucherregel und gesteht es ein, erhält er eine Konsequenz im Seehaus wie Küchendienst, Wiedergutmachung oder Abstufung.

Die jungen Männer können sich im 5-Phasensystem hocharbeiten wie durch gute Bewertungen im WG-Dienst und Arbeitsleistung im Betrieb. Wenn sich die Jungs anstrengen, Regeln einhalten, pünktlich sind und sich sozial verhalten, bekommen sie mehr Freiheiten. Das Stufensystem bietet den jungen Männern Klarheit. Sie wissen, dass sie Bewertungen für umsichtiges und deeskalierendes Verhalten erhalten und Abzüge für Unpünktlichkeit oder egoistische Verhaltensweisen.

Im Seehaus erleben viele zum ersten Mal Struktur und tun etwas Sinnvolles im Blick auf ihre Zukunft. Früher begann für die meisten der Tag erst mittags, sie hingen irgendwo ab, tranken Alkohol und nahmen Drogen. Sie verschuldeten sich und rutschten in die Kriminalität. Sie gingen nicht gut mit sich selbst um, vernachlässigten ihren Körper und verletzten sich in Schlägereien.

Allein der Frühsport zeigt ihnen, was sie schaffen, wenn sie es nur regelmäßig tun. Sie staunen, wie sich ihr Körper durch Bewegung, Schlaf und gesundes Essen verändert. Das zu erleben, ist eine große Motivation für die Jungs, auch wenn sie sich manchmal durchbeißen müssen.

Sophia erzählt von einem Jugendlichen, dem das Leben nichts geschenkt hat. Mit fünf Jahren kam er ins Heim, dann in ein anderes und dann noch einmal. Nirgends war er willkommen. Er nahm zeitig Drogen, Tabak und Alkohol.

„Als er zu uns kam, konnte er keine Kontaktperson nennen, nicht einmal die Eltern. Niemand interessierte sich für ihn. Seine Haut war fleckig und fahl. Er konnte keine Gefühle zeigen und lächelte nie. Er hatte sich aufgegeben, traute sich nichts zu und sagte immer, dass er es sowieso nicht schaffe. Nach ein paar Wochen bei uns taute er auf. Er wurde fitter, sah gesünder aus und dann ... dann hat er angefangen zu lachen. Er wurde selbstbewusster und fing an, sich selbst etwas zuzutrauen. Er entwickelte Ziele und eine Perspektive für sein Leben. Das ist ein Grund, warum ich das hier mache", erzählt Andreas.

Manche der Jugendlichen sind selbst schon Väter. Einer ist zwanzig Jahre alt und hat ein Grundschulkind. Durch Andreas erleben die jungen Männer, was einen Vater ausmacht und wie Andreas reagiert, wenn Henri trotzig ist oder Michel weint. Sie fragen ihn um Rat und nehmen sich vor, es selbst besser zu machen als ihre Väter.

Ein wichtiger Schritt zu nachhaltigen Veränderungen sind die sozialpädagogischen Programme, die im Seehaus stattfinden und Seehaus-Runden genannt werden. „Unsere Flirtkurse", sagt Sophia und lacht. „Es sind keine Flirtkurse, aber wir nennen sie so. Hier lernen die Jungs, dass jede Frau einen Wert hat. Wir klären sie auf über Prostitution und den damit zusammenhängenden Menschenhandel. Die Jungs denken, dass Frauen einen *Badboy* wollen, ein dickes Auto und viel Geld. Dabei wünschen sich ihre Freundinnen Treue, Geborgenheit und Respekt."

Andreas leitet als Sozialpädagoge die Seehaus-Runden, in denen auch Tataufarbeitung, Opfer-Empathie-Training und

Anti-Aggressions-Training feste Bestandteile sind. Die jungen Männer sollen lernen, sich in ihre Mitmenschen und vor allem in ihre Opfer hineinzuversetzen. Sie müssen üben, sich zu kontrollieren, wenn eine Situation sie reizt.

„Vor der Entlassung ist auch die Integrationsplanung entscheidend", sagt Andreas. „Ob Ausbildungs- oder Arbeitsplatz, Fitnessstudio oder Fußballverein, die jungen Männer brauchen weiterhin Strukturen und einen Grund zum Aufstehen. Durch die Nachsorge sind wir auch nach der Haft für sie da. Vielen tut es gut, jemanden zu haben, der nachfragt, der bei Ämtergängen dabei ist und sich interessiert."

Max hat fast zwei Jahre mit Andreas, Sophia und ihren zwei Söhnen zusammengelebt. „Er kennt Michel seit seiner Geburt. Er hat Henri auf gemeinsamen Wanderungen stundenlang auf seinen Schultern getragen. Wir haben mit ihm gelacht und geweint, gestritten und uns vertragen. Wir haben ihn wirklich ins Herz geschlossen."

Er besucht Sophia und ihre Familie noch immer, obwohl seine Entlassung schon ein Jahr zurückliegt. „Maaaaax!", ruft Henri und stürmt auf den jungen Mann zu, der ihn auffängt. Gemeinsam sitzen sie im Wohnzimmer und Max erzählt von seiner Ausbildung zum Stuckateur und den Noten der letzten Prüfungen. Andreas gratuliert und klopft ihm auf die Schultern. Grund zur Freude. Draußen dämmert es und Sophia will ihren Sohn ins Bett bringen. Henri protestiert. Er hat andere Pläne.

„Max, kannst du mich heute ins Bett bringen?"

„Ja", antwortet er und folgt dem Kleinen in sein Zimmer. Auf dem Bettchen liegt Henris Lieblingsbuch.

Sophia und Andreas sitzen allein im Wohnzimmer. Stille Momente sind selten im Seehaus. Für eine gewisse Zeit werden sie Hauseltern sein, doch wenn ihre Kinder größer werden, müssen sie neu überlegen, wo ihr Platz ist. Heute sind sie hier und haben den besten Grund dafür, denn *Gott hat uns zuerst geliebt*.

Max schleicht aus dem Kinderzimmer und zieht die Tür vorsichtig ran. Plötzlich ruft Henri: „Maaaaax. Ich hab dir noch keinen Gute-Nacht-Kuss gegeben!“

18.

Aufrecht durchs Leben gehen

„Du Schlampe! Ich schmeiß dich die Treppe runter!“

Wieder einmal muss Gudrun sich übelste Beschimpfungen anhören. Ihr Mann tobt. Denn sie hat ihm gerade eröffnet, wie schlecht es ihr gesundheitlich geht und dass sie deshalb nicht zu einem geplanten Familienbesuch mitkommen kann.

„Fahr doch allein“, rät sie ihm. Doch er will davon nichts wissen, brüllt wütend herum, versperrt Gudrun den Weg zur Wohnungstür und versucht vergeblich, ihr das Handy abzunehmen.

Gudrun hat sich eigentlich fast schon daran gewöhnt, dass sie heftig beleidigt wird. Auch die Schläge, das Haareziehen, das Schubsen, die Brutalität in vielen Spielformen sind schon alltäglich geworden. Seit Jahrzehnten lebt sie mit diesem Mann zusammen und leidet unter seinem Jähzorn und seinen Gewaltausbrüchen. Die Verletzungen, die er ihr zugefügt hat, hat sie nie dokumentiert oder einem Arzt gezeigt. Stattdessen deckt sie ihren Mann: Wenn er ihr ein blaues Auge geschlagen hat, lügt sie, dass sie gegen eine Türe gerannt sei und sich die Verletzung selbst zuzuschreiben habe.

Doch jetzt, Ende Oktober 2021, ist für sie das Maß endlich voll. Sie weiß selbst nicht warum gerade zu diesem Zeitpunkt. Gudrun schaltet die Polizei ein und bittet um Hilfe. Als ihr Mann nicht zu Hause ist, verlässt sie die gemeinsame Wohnung. Und fängt ein komplett neues Leben an. Obwohl sie doch am nächsten Tag den 40. Hochzeitstag feiern könnte.

Gudrun ist eine echte Schwäbin. Geboren und aufgewachsen im Raum Stuttgart. Als sie 16 ist, stirbt der Vater. Wenig später erkrankt die Mutter schwer. Gudrun ist gerade volljährig geworden, da steht sie als Vollwaise da.

„Mehr oder weniger allein“, berichtet sie und schluckt.

Wenig später lernt sie beim Frühlingsfest einen Mann kennen. Sie sehnt sich nach Liebe, nach Geborgenheit, nach einem Halt. Verliebt sich. Heiratet. Und stellt bald fest, dass sie auf den falschen Mann hereingefallen ist.

Ein Leidensweg beginnt, den Gudrun lange, viel zu lange durchhält. Sie erträgt die Alkoholsucht ihres Mannes. Eines Tages kommt er geladen nach Hause, weil er von der Polizei betrunken am Steuer erwischt wurde und den Führerschein verloren hat. In seiner Wut schleudert er ein schweres Trinkglas nach Gudrun und verletzt sie. Doch das ist erst der Anfang. Immer öfter kommt er betrunken von der Arbeit nach Hause. Blitzableiter für seine negativen Gefühle ist Gudrun: Sie wird beschimpft, geschlagen, gewürgt, gestoßen.

Sie erduldet es, denn inzwischen gehören zwei Kinder zur Familie. Die will sie schützen und leidet, leidet, leidet. Bei der kleinsten Kleinigkeit setzt es üble Worte. Sprüche wie: „Halt die Fresse, sonst knallt's!“ gehören zum normalen

Umgangston. Immer häufiger spuckt ihr Mann sie an, mit voller Absicht, mitten ins Gesicht. Diese Art von Brutalität demütigt Gudrun ganz besonders. Als ihr Mann sie während einer Schwangerschaft schlägt, verliert sie das Kind. Doch selbst nach diesem furchtbaren Ereignis kennt er keine Reue. Nie entschuldigt er sich für das, was er seiner Frau antut.

„Damals nahm ich mir trotz allem vor, nicht gleich aufzugeben, sondern für meine Kinder da zu sein. So sind Frauen aus meiner Generation geprägt", berichtet sie mit etwas Abstand. „Doch das war ein großer Fehler. Mein Mann hat mich benutzt wie einen Putzlappen. Das hätte ich mir nicht gefallen lassen dürfen."

Schon einmal ist Gudrun vor dem gewalttätigen Gatten geflohen, kam einige Monate lang anderswo unter. Doch dann ist sie reumütig zurückgekehrt. Der Kinder wegen. Und um des lieben Friedens willen.

Gudrun lebt total isoliert. Hat keine Freundinnen. Keine guten Bekannten. Niemanden, mit dem sie offen über ihr Leid reden könnte. Umso schwerer fällt es ihr, aus dieser fürchterlichen Beziehung auszubrechen.

Doch dann schafft sie es. Endlich. Kurz vor dem 40. Hochzeitstag. Nach dem Anruf bei der Polizei hat sie gerade mal eine Stunde Zeit, um ihre Siebensachen zusammenzusuchen. Dann begleiten sie Polizei und Sozialarbeiterin an einem Freitagnachmittag ins Frauenhaus. Doch dort kümmert sich niemand um sie.

„Ich stand da mit einer Flasche Mineralwasser und einer Rolle Klopapier, die mir in die Hand gedrückt wurden. Und ich wusste nicht, was ich tun sollte", erzählt sie leise. „Ich war total durcheinander. In Panik. Hab die erste Nacht nur geweint. Das ganze Wochenende hindurch hatte ich große Angst, dass ich verfolgt werde."

In dieser schwierigen Situation bekommt Gudrun keine Hilfe im Frauenhaus. Sie muss sich allein durchbeißen. Sie zeigt ihren Mann an und muss es hinnehmen, dass er unerträgliche Lügen über sie verbreitet, um sich zu verteidigen. Auch die beiden inzwischen erwachsenen Söhne halten zum Vater. Gudrun steht vollkommen allein da.

Mehr als vier Monate bleibt Gudrun im Frauenhaus. Sie ist entsetzt, welche Schicksale sie dort kennenlernt. Noch mehr jedoch schockiert es sie, dass die Einrichtung sehr schlecht bestückt ist mit Finanzen und Personal. Und dass es überhaupt viel zu wenig Plätze in Frauenhäusern gibt, in denen Opfer wie sie Zuflucht finden könnten. Die Öffentlichkeit scheint sich nicht für Frauen zu interessieren, die von ihren Männern wie Freiwild behandelt werden. Die tagtäglich nackte Gewalt erleben müssen.

Gudrun will das nicht hinnehmen. Sie kämpft einerseits für sich, um Boden unter die Füße zu bekommen. Andererseits setzt sie sich dafür ein, dass die Gesellschaft endlich das Problem vieler Frauen ernst nimmt. Frauen müssten viel besser als bisher darüber informiert werden, wo sie Hilfe bekommen können, fordert Gudrun. Und diese Hilfe müsste viel besser organisiert und mit viel mehr Geld und Personal ausgestattet sein. Mit diesen Forderungen wendet sie sich an Zeitungen und an ein Frauenmagazin, an Juristen und andere Fachleute. Auf großes Interesse stößt sie dabei nicht.

„Ich finde es traurig, dass Frauen in Not so in Vergessenheit geraten", kommentiert Gudrun. „Das darf nicht sein. Ich werde darum kämpfen, dass sich das ändert."

Gudrun denkt an die vielen Frauen, die ähnlich viel Brutalität in ihrer Beziehung erleiden wie sie selbst einst: „Diesen Frauen sage ich: Haltet die Gewalt nicht länger aus. Verlasst diese zerstörerische Beziehung. Holt euch Hilfe."

Kämpfen muss Gudrun auch, um ihr eigenes Leben wieder in den Griff zu bekommen. „Ich war im Frauenhaus sehr auf mich selbst gestellt", berichtet sie. „Ich habe mir überlegt, was ich alles tun muss, um voranzukommen. Dazu habe ich mir dann einen Stundenplan geschrieben und genau festgehalten, welche Stelle ich wann anrufen werde und wo ich welchen Antrag abgebe. Das hat mir geholfen dranzubleiben."

Einmal geht es Gudrun so schlecht, dass sie sich in einem Geschäft etwas zu Essen klaut. Sie hat Hunger. Und kein Geld, um sich etwas zu kaufen. „Was hätte ich sonst tun sollen?" fragt sie um Verständnis werbend.

Auch nachdem sie das Frauenhaus verlassen und eine Wohnung beziehen kann, ist sie finanziell extrem knapp dran. „Ich habe meine Freiheit teuer bezahlen müssen. Heute bin ich arm. Und ich weiß nicht, wie ich bei den jetzt so stark gestiegenen Preisen für Strom und Wasser über die Runden kommen soll."

Im Herbst 2022 nimmt ein Bekannter sie mit zu einem Fest im Leonberger Seehaus. Gehört hat Gudrun schon von dieser Einrichtung. Jetzt kann sie die Arbeit mit eigenen Augen bewundern.

„Ich war erst ein bisschen neidisch", gesteht Gudrun. „Ich dachte: Wenn wir es im Frauenhaus so gut gehabt hätten wie die „Jungs‘ hier im Seehaus, dann wären wir schon zufrieden gewesen.“

Beim Rundgang übers Gelände kommt sie auch an einem Stand der Opferhilfe vorbei, die das Seehaus anbietet. Dort führt sie ein langes Gespräch mit einer Mitarbeiterin. Sie fühlt sich verstanden. Und vereinbart weitere Gespräche.

Seit Oktober 2022 trifft sie sich regelmäßig mit der Therapeutin.

„Endlich hört mir mal jemand zu. Endlich kriege ich keine klugscheißernden Kommentare. Endlich sagt mir niemand: ‚Stell dich nicht so an‘“, jubelt Gudrun. Ohne Scheu kann sie der Therapeutin erzählen, was sie durchlitten hat und was heute in ihr vorgeht. Jedes dieser Gespräche ist anstrengend, aber es bringt sie voran. „In mir hat ein Heilungsprozess begonnen, und der wird durch diese Gespräche unterstützt“, freut sich Gudrun.

Zahlen könnte sie nicht für diese therapeutische Begleitung. Sie ist dankbar, dass Freundinnen und Freunde des Seehauses für diese Arbeit spenden und sie die Begleitung umsonst in Anspruch nehmen kann.

„Diese Gespräche sind für mich der Lichtblick im Dunkeln. Gerade dann, wenn eine Situation mich mal wieder überfordert oder ich mich im freien Fall fühle. Ich bin noch lange nicht über den Berg. Aber ich bin auf einem guten Weg“, sagt Gudrun. Und bei ihren nachdenklichen Worten klingen ein wenig Erleichterung und Stolz mit.

Auch ihr Glaube hilft ihr, das Erlittene allmählich zu verarbeiten und trotz allem mit Hoffnung in die Zukunft zu schauen. „Ich kriege die Kraft für diesen Prozess von Gott“, sagt Gudrun. In der schlimmsten Zeit im Frauenhaus suchte sie immer mal wieder Zuflucht in einer Kirche und zündete eine Kerze an. Sie fühlte sich nur dort wirklich sicher und geborgen. Und auch heute noch steuert sie manchmal eine Kirche an, um dort aufzutanken.

„Ich lebe mit meinem Glauben und mit meiner Liebe zur Natur", sagt Gudrun. „Aus diesen Quellen kann ich Kraft schöpfen."

Begleitend zu den therapeutischen Gesprächen übt sie sich auch in Selbstverteidigung. „Fit fürs Leben", so heißt der entsprechende Kurs. Hier lernt sie gemeinsam mit anderen Frauen, wie man sich selbst behaupten und Angreifer abwehren kann.

„Seit ich dieses Training mache, gehe ich wieder aufrechter durchs Leben, nicht mehr mit dem Kopf nach unten", berichtet Gudrun mit hörbarer Freude. „Ich habe verstanden, dass ich mich nicht mehr verstecken muss."

19.
Sinnvoll soll es sein

So war das nicht geplant! Sie hatte die Altersteilzeit beantragt und sich darauf vorbereitet, mit ihrem Mann den Lebensabend zu genießen. Ursula hat immer gern gearbeitet. Die Arbeit im Büro tat ihr gut, selbst wenn es unaufgeregte oder lästige Aufgaben waren.

Aber jetzt freut sich auf den neuen Lebensabschnitt – den Ruhestand mit ihrem Ehemann. Doch dann verstirbt er. Wohin mit der Trauer und all den Zukunftsplänen? Sie wollten doch als Ehepaar noch ein paar schöne Jahre zusammen haben, Unternehmungen machen, spazieren gehen, auf jeden Fall flanieren und sich dann in ein Café setzen und dem bunten Treiben zuschauen. Sie fühlt sich durch ihre Trauererfahrung vom Leben ausgegrenzt. Die leere Wohnung bedrückt sie, auch wenn sie gern daheim ist. Aber immer allein sein?

Ursula will das Leben spüren und etwas Sinnvolles tun, sich nicht als Ruheständlerin und Witwe aufs Abstellgleis schieben lasen. Sie will unterwegs sein, ist vital und neugierig. Sie muss ja nicht wie ein Schnellzug durch den Alltag preschen. Es genügt ihr, gemächlich auf Tour sein, um Menschen zu begegnen, etwas Sinnvolles zu tun und Neues zu entdecken. Sie will am Leben teilhaben.

Also meldet sich Ursula bei einer Agentur für Ehrenamtliche in Leonberg. In einem Katalog sind unterschiedliche Stellen aufgeführt, aber es ist nichts dabei, was sie anspricht.

Sie ist gerade dabei, wieder zu gehen, als es in der Agentur fiept und ein Fax durch das Gerät rattert. Die Mitarbeiterin zieht den Zettel mit einem Ratsch heraus und ruft: „Wäre das vielleicht etwas für Sie?“ Ursula nimmt das Papier und überfliegt die Zeilen: Seehaus, Ehrenamt, Büro ... für Bewerbung hier melden.

Es ist ein spontaner Impuls. Ursula bewirbt sich, obwohl sie zuvor keinen Bezug zum Seehaus hatte. In der öffentlichen Wahrnehmung herrscht eher Skepsis als Begeisterung für den Strafvollzug in freien Formen, den es erst seit fünf Jahren gibt. Kurze Zeit später erhält sie die Zusage.

Seit 2008 arbeitet sie regelmäßig im Büro des Seehauses. Sie kommt ein- bis zweimal die Woche für vier Stunden. „Aber nie vor 13 Uhr. Ich bin keine Frühaufsteherin“, lacht Ursula.

Sie nimmt ihr Ehrenamt so ernst wie damals ihre Büroarbeit. Sie meldet sich ab, wenn sie im Urlaub oder krank ist und passt andere Termine ihrem Seehaus-Dienst an.

„Und du bekommst nicht einmal das Fahrtgeld?“ Eine Bekannte ist schockiert.

„Nein. Es ist ja ein Ehrenamt.“

Ursula kommt immer mit ihrem Auto – diese Mobilität will sie nicht missen. Die Fahrt per Bus von Leonberg zum Seehaus wäre zu umständlich. „Du gibst zu viel“, sagt die Bekannte.

Wie soll Ursula erklären, dass sie auch viel zurückbekommt, und dass es ihre Seele erfüllt, etwas Sinnvolles zu tun?

Wie in ihrer ehemaligen Anstellung erledigt Ursula diszipliniert ihre Aufgaben. Zu ihrem Arbeitsgebiet gehört es, Anschreiben zu verfassen im Auftrag des Polizeipräsidenten an Landgerichte, Amtsgerichte und Staatsanwaltschaften. Sie kümmert sich um die Verwaltung des Wald- und Tier-Kindergartens. Wenn ein Kind im Kindergarten angemeldet wird, erledigt sie das Anschreiben an die Eltern mit den Kosten der Kindergartengebühr, pflegt die Dateien, damit die Buchhaltung die entsprechenden Beiträge einziehen kann und legt die Unterlagen für jedes Kind in einem Ordner ab.

Ursula kümmert sich auch um den Fuhrpark, meldet die Autos an, prüft Versicherungen und regelt alles Nötige bei einem Schadensfall. „Eigentlich ist es wie auf meiner ehemaligen Arbeitsstelle ... nur schöner. Hier gibt es kein Gerede oder Neid. Es ist diese besondere Atmosphäre im Haus, warum ich so gern komme. Ich spüre die Wertschätzung in den kleinen Gesten. Es müssen keine Geschenke sein, die Anerkennung ausdrücken."

Natürlich ist Ursula auch mit Freundinnen unterwegs, geht zur Wassergymnastik, macht Stadtbummel und gönnt sich Cafébesuche, aber es ist das Ehrenamt, das ihrem Alltag Antrieb und Auftrieb gibt.

„Ich kann mich indirekt um Menschen kümmern und mich herausfordern lassen. In den letzten Jahren haben sich viele Arbeitsabläufe durch Digitalisierung verändert. Früher im Büro haben wir Sekretärinnen in die Schreibmaschine unsere

Texte gehämmert und Schnellschreibwettbewerbe gemacht. Es ist heute alles etwas anders. Manches ist einfacher und anderes ist komplizierter. Ich lerne ständig dazu, aber das muss man wollen. Wer ein Ehrenamt übernimmt, muss wissen, dass es auch mal mühsam sein kann.“

Manche Regeln auf dem Seehaus-Gelände befremden Ursula anfangs. Es scheint ihr zu streng zu sein, alles minutiös zu planen. In all den Jahren hat sie aber gesehen, wie das Seehaus für junge Leute eine echte Chance ist, um wieder Teil der Gesellschaft zu werden.

Die Handwerksbetriebe auf dem Gelände und deren Ausbildungsmöglichkeiten bereiten den Einstieg für eigenverantwortliches Handeln. Ursula ist begeistert und doch entgehen ihr nicht die Schwierigkeiten. Manche Jungs scheitern. Manche wollen sich nicht einbringen.

„Ich verstehe, dass viele Jungs es schwer hatten, trotzdem muss man sich zusammenreißen. Man kann an den Schwierigkeiten wachsen!“

Vor einigen Jahren wird Ursula selbst zu einem Opfer. Mit einer Freundin fährt sie zum Bärensee bei Stuttgart. Sie gehen spazieren und als sie zurückkommen, stehen zwei Polizisten vor Ursulas Auto. Sie ist noch unbekümmert, bis ein Polizist sie mit Namen anspricht und dann sieht sie das Unglück: Die Scheibe der Fahrerseite war eingeschlagen worden. Alles ist weg! Portemonnaie, Schlüssel, sämtliche Papiere wie Personalausweis, Führerschein, EC-Karte und ...

„Plötzlich hatte ich keine Identität mehr. Wie sollte ich denn beweisen, dass ich Ursula bin? Ich hatte nur Rennereien mit Stadtverwaltung, Bank und Krankenkasse. Meine

Freundin ließ ihre Türschlösser austauschen. Sie hatte Angst, denn die Diebe kannten jetzt ihre Anschrift."

Nun erzählt sie ihren Seehaus-Kolleginnen davon und später bietet ihr Irmela Abrell an, mit der Freundin am Opfer-Täter-Gespräch teilzunehmen, auch wenn es *nur* ein Handtaschendiebstahl war.

Zurückhaltend sitzt Ursula mit den jugendlichen Straftätern im Kreis, Mitarbeiter moderieren diese Gruppen und bitten Ursula, von der Tat zu berichten. Sie überwindet sich und erzählt, wie aufgeregt sie nach dem Diebstahl war und wie sehr sie das belastet hat. Unruhe, Herzklopfen, Sorgen. Die jungen Männer sind betroffen. Sie fühlen mit. Ursula spürt, dass das Mitgefühl echt ist, und das tröstet sie.

Ursula lässt sich auch von den Geschichten der jungen Männer berühren, denn viele kommen aus schwierigen Verhältnissen oder waren selbst Opfer von Gewalt. Reden und Zuhören schaffen eine Atmosphäre des gegenseitigen Verstehens.

„Der Tag der offenen Tür ist etwas ganz Besonders. Es kommen viele Besucher und Gäste, Schirmherren und Spender. Ich helfe mit und übernehme Standdienste." Da ist sie wieder: Ursula, die gerne anpackt. Sie könnte auch mit Gästen auf einem Stuhl sitzen und Kaffee trinken. Sie zuckt mit den Schultern und lächelt: „Ich bin eine Macherin. Ich habe immer etwas gemacht. So bin ich aufgewachsen. Ich hatte eine behütete Kindheit. Wir hatten nicht viel und trotzdem habe ich nichts vermisst. Aus gewöhnlichen Dingen oder Momenten haben wir etwas Besonderes gemacht. Aber nach so einem turbulenten Tag freue ich mich auch auf meine Wohnung. Ich bin gern daheim.“

Ursula ist 72 Jahre alt – eine rüstige Seniorin? Sie ist mehr als das. Mit Herzlichkeit und Tatkraft gestaltet sie ihr Ehrenamt. „Dabei war ich nie sozial engagiert. Als junge Frau wollte ich in einem Rechtsanwaltsbüro arbeiten. Jura interessierte mich. Das hatte nie geklappt, aber hier tue ich so etwas Ähnliches. Da hat sich in meinem Alter, ohne es zu planen, ein Herzenswunsch erfüllt.“

20.

Größer als gedacht

Alexander wird 1989 in Kasachstan geboren. Seine Mutter ist Lehrerin und sein Vater Polizist. Obwohl sie in Astana, der Hauptstadt, leben, sind die Lebensbedingungen einfach und karg. Strom gibt es nur ab und zu.

Es sind unruhige Zeiten, die UdSSR löst sich auf und Menschen verlieren ihre Arbeit. Doch Alexanders Eltern gelingt es, das Leben so zu gestalten, dass er sich an eine gute Kindheit erinnert. Nie fühlt er sich alleine. Er hat einen großen Bruder und schon als Vorschulkind stromert er mit ihm und dessen Kumpels durch die Gegend. Aus Langerweile brechen sie auf Baustellen ein und beschädigen Geräte. Sie zerschlagen Glas und andere Materialien und nennen es Spaß. Einmal entdeckt sie ein Sicherheitsmann, der mit einer Flinte auf sie schießt. Zum Glück ist sie nur mit Salz als Munition geladen. Doch das schreckt die Jungs nicht ab, weiterhin in Geschäfte einzubrechen, zu plündern und zu zerstörten. Obwohl Alexanders Vater Polizist ist und von den Taten ahnt, gibt es nie eine Konsequenz. Vielleicht wird das Verhalten eher als Jugendstreich wahrgenommen, schließlich müssen sich Jungs behaupten. Der Großvater diente als Mitarbeiter beim russischen Geheimdienst und eine gewisse Rauheit galt unter Männern als positiv.

Die wirtschaftliche Lage in der neugegründeten Republik Kasachstan wird immer schwieriger und Alexanders Mutter besinnt sich schließlich ihrer deutschen Wurzeln. Weder Russland noch Deutschland kennt Alexander, aber jetzt ist er ein Russlanddeutscher. 1996 kommen sie in Nordrhein-Westfalen an und ziehen später nach Sachsen-Anhalt. In den neuen Bundesländern ist es besser als in Kasachstan, doch in den alten Bundesländern ist es noch besser. Ein erneuter Umzug führt die Familie nach Baden-Württemberg.

Bis zur achten Klasse geht Alexander in die Schule und ist immer von irgendwelchen Gruppen umgeben. Es gibt Neonazis, die Ausländer hassen. Es gibt die Punks, denen alles egal ist, die wie die Nazis trinken und ab und zu auf der Straße demonstrieren. Alexander fühlt sich mit den Russen verbunden. Sie haben einen Kodex: bedingungslose Loyalität! Es fühlt sich alles sehr ehrenvoll an und es gibt strenge Hierarchien.

Schnell begreift er, dass er sich seinen Platz in der Gruppe erarbeiten muss. Er ist der, der sofort zuschlägt. Vor niemandem hat er Angst oder eher: Niemandem zeigt er seine Angst. Er beginnt zu trinken und kippt Aggressivität und Alkohol in sich hinein. Mit seinen Opfern hat er kein Mitleid. Es ist deren Problem, wenn sie ihm im Weg stehen und er sie wegprügeln muss. Pech, wenn sie zufällig dort sind, wo er wütet.

Im Januar 2006 kommt er wegen mehrfacher Körperverletzung in die JVA nach Adelsheim. Alexander ist 16 Jahre alt. Je nach Straftat gibt es unterschiedliche Wohnblocks, einen für Gewalt- und Sexualstraftäter, einen für Schutzhaft der bedrohten Häftlinge und Untersuchungshaft. Dort sitzt man bis zur Verhandlung einige Wochen bis Monate. Eigentlich ist alles in der JVA wie draußen. Es herrschen die Russengruppen und die Türkengruppen. Die Russen grenzen sich stark von den anderen Jugendlichen ab. Sogar gegenüber den Beamten reagieren sie herablassend. Einem Beamten gibt man nicht die Hand oder man reinigt auch keine Gemeinschaftsflächen – Abgrenzung ist der Russengruppe wichtig. Sie funktionieren als Einheit und sind eine eingeschworene Gemeinschaft. Obwohl die Häftlinge in unterschiedlichen Blöcken wohnen, trifft man sich auf dem gemeinsamen Hofgang. Es ist ein Leichtes, Drogen, Tabak und Kaffee zu schmuggeln oder jemanden zusammenzuschlagen. Die Beamten bekommen das oft nicht mit, weil auch die Opfer dichthalten. Den größten Fehler, den man im Knast machen kann, ist, jemanden zu verraten.

Alexander ist in der gelockerten Haft untergebracht. Gelockert meint, dass er sich frei im Haus bewegen kann und einen eigenen Schlüssel für sein Zimmer hat. Es ist fast wie in einer WG, und wer in der Hierarchie weit oben steht, hat ein richtig gutes Leben.

Alexander nutzt jede Möglichkeit, sich beliebt zu machen. Wenn Täter in der Untersuchungshaft sitzen, haben sie nichts Persönliches dabei. Alexander gibt ihnen etwas von seinen Klamotten ab und so stehen sie in seiner Schuld. Man kann nie wissen, wann man selbst mal einen Gefallen braucht.

Eine Sozialarbeiterin erzählt ihm vom Seehaus und dass er sich für den Strafvollzug in freien Formen bewerben könne. Sie zählt ihm aber auch auf, wie hart es dort sei. Er wird niemals allein sein. Alles ist nach der Uhr getaktet. Es gibt viele Regeln und das Rauchen ist eingeschränkt. Trotzdem scheint es für ihn eine echte Chance zu sein. Allerdings drohen ihm die Russen, dass er nun nicht mehr unter ihrem Schutz stände, wenn er die JVA verließe.

Alexander wagt es und zieht im Februar 2006 als Neuling ins Seehaus. Seine ersten Hauseltern findet er richtig klasse. Er fühlt sich wohl und beginnt mit einer Ausbildung zum Zimmermann. Die Hauseltern wechseln und mit den neuen kommt er nicht klar. Er wird in eine andere WG geschickt, aber auch dort gefällt es ihm nicht. Irgendwann hat er genug von den vielen Regeln und Verboten. Er bricht im Seehaus-Büro ein. Die Konsequenzen sind ihm egal. Man erwischt ihn und bringt ihn sofort zurück nach Adelsheim. Nur knapp ein Jahr lebt Alexander im Seehaus, trotzdem hinterlässt diese Zeit einen tiefen Eindruck auf ihn – vor allem durch Tobias Merckle. Tobias ist einfach da und immer ehrlich. Er sagt, dass Alexander Größeres tun könne, als er denkt. Sie begegnen sich an den Abenden oder Tobias begleitet die Seehaus-Jungs, wenn sie am Wochenende mit den Hauseltern Ausflüge machen.

Es gibt keinen Moment, wo es bei Alexander Klick macht. Kein Bähm! Es ist Tobias' Art, immer wieder zu betonen: Du bist wichtig! Du bist wertvoll! Du hast Gaben! Du bist Teil der Gesellschaft.

Doch erst einmal muss er die Konsequenzen seines Einbruchs in das Seehaus-Büro tragen. Er wird wieder ein Gefangener einer JVA. In der Zugangsabteilung von Adelsheim wird beraten, in welchen Block er untergebracht und welche Sicherheitsmaßnahmen greifen sollen. Schließlich ist er gescheitert, hat wieder Mist gebaut. Die Beamten werfen ihm vor, dass er diese Chance nicht genutzt hätte. Die Mithäftlinge machen blöde Kommentare, und dass sie es ihm sowieso nicht zugetraut hätten.

Alexander landet wieder in der Russengruppe und man erinnert sich an seine „guten" Taten. Das Leben dort ist wie in einem Knastfilm: Waren schmuggeln, Verräter verprügeln, Hierarchien ausbauen.

2009 wird er vorzeitig entlassen. In all den Jahren hat er vor allem gelernt, Stärke und Härte zu zeigen. Um Hilfe zu bitten ist ein Zeichen von Schwäche – denkt er. Er erinnert sich an das Seehaus, und hatte Tobias nicht mal gesagt, dass wer einmal zur Seehaus-Familie gehört, immer dazugehören wird?

Alexander traut sich und bittet Tobias um Hilfe, als mit der Entlassung so manche Herausforderung auf ihn zukommt. *Größer als du denkst.* Diesen Satz meint Tobias immer noch ernst, obwohl Alexander schon oft gescheitert ist. Im Seehaus hilft man ihm bei Behördengängen, bei der Suche nach einem Ausbildungsplatz und einer Wohnung. Es ist die Fürsprache und der gute Ruf des Seehauses, das Alexander über so manches Vorurteil in der Gesellschaft hinweghilft.

Zwar hat er seine Strafe abgesessen und auch einen Berufsabschluss, trotzdem kann er sich nur schwer beherrschen. Ständig pulsiert es in ihm, einfach zuzuschlagen, wenn ihm etwas oder jemand nicht passt.

In seinem Alltag zeigt er Stärke. Er packt an, arbeitet hart und bildet sich zum Techniker fort. Danach macht er sich sogar selbstständig. Er führt einen Zimmermannsbetrieb und stellt auch Alumni des Seehauses an. Mit manchen macht er gute und mit anderen schlechten Erfahrungen.

Als Selbstständiger kann er sein Leben und seine Arbeit frei gestalten, bringt Familie und Arbeit in Einklang und verwirklicht sich. Er ist schon immer ein Macher und tut nur ungern, was andere von ihm wollen. Endlich ist er ein Macher, der Gutes macht. Schließlich hat ihn das Seehaus ermutigt, groß zu denken und initiativ zu werden.

Er blickt nach vorn und selten zurück. Ob er manchmal an die Menschen denkt, die er verprügelt hat? Kann er ihr Leid nachvollziehen? Nein, anfangs nicht. Aber dann lernt er hinzuschauen und mitzufühlen. Er bereut, was er unschuldigen Menschen angetan hat. Jetzt will er auch der Gesellschaft etwas zurückgeben, indem er gute Arbeit abliefert, aufrichtig zu seinen Kunden ist und Arbeitsstellen für andere schafft.

2010 heiratet Alexander seine Partnerin. Sie kennen sich noch von früher und sie ist ihm eine große Stütze. 2016 werden sie Eltern. Selbst ein Vater zu sein, spornt ihn an. Er will und muss ein gutes Vorbild sein.

Er macht Kick-Boxen. Hier kann er sich abkämpfen und abreagieren. Der Sport hilft ihm, Kontrolle über sich zu erlangen. Es genügt ein unvorsichtiger Autofahrer, um ihn in Rage zu bringen. Er könnte richtig wütend werden, doch auf der Rückbank sitzt sein Sohn, also reißt er sich zusammen. Nichts motiviert ihn so sehr wie sein Kind. Mit Konsequenzen konnte und kann ihm keiner drohen.

Man wird schnell von der Gesellschaft in eine Schublade gesteckt. Als er für seinen Sohn einen Kindergartenplatz sucht, erhält er eine Zusage. Doch irgendwie haben andere Eltern von seinen Straftaten erfahren und die Zusage wird rückgängig gemacht. Klar macht ihn das wütend. Sein Sohn kann doch nichts für Alexanders Vergangenheit!

Er weiß um die Kämpfe, die in ihm toben. Er weiß um seine Schwächen. Immer wieder sind es Menschen, die ihn motivieren. Sein bester Kumpel hat eine ähnliche Vergangenheit wie er. Er ist sein Trauzeuge und eine Zeit lang ist er auch sein Angestellter. Beziehungen helfen ihm und vor allem hilft ihm Tobias, auch wenn Alexander nur knapp ein Jahr im Seehaus gelebt hat.

Doch dann erschüttert ihn wieder eine Krise. Er droht zu fallen und findet Halt im Seehaus. Nach neun Jahren Beziehung geht seine Ehe in die Brüche. In einem Versuch, sie zu retten, bietet Tobias dem Paar an, zu ihm in seine Wohnung zu ziehen. Einige Wochen leben sie dort gemeinsam, wobei Tobias auch viel unterwegs ist. Leider findet das Paar nicht mehr zueinander. Alexanders Frau zieht aus und er bleibt noch bei Tobias, bis er in eine Wohngemeinschaft ins Glemseck zieht, die auch zum Seehaus gehört. Wenn er in dieser Zeit nicht den Rückhalt von Tobias und dem Seehaus gehabt hätte, wüsste er nicht, was passiert wäre. 10 Jahre lang ist er stabil, schließt eine Ausbildung und einen Techniker ab, baut einen eigenen Betrieb auf, gründete eine Familie – alles läuft gut! Doch so eine persönliche Krise könnte alles zerstören und Alexander in zerstörerisches Verhalten zurückwerfen.

Die Krisen blieben und bleiben nicht aus. Selbst heute müht er sich und weiß – es geht weiter, weil gute Freunde ihn unterstützen und Tobias nicht müde wird zu sagen: „Du kannst Größeres tun, als du denkst!“

Seehaus e. V. stellt sich vor

Wir sind ein gemeinnütziger Verein, der in den Bereichen Straffälligenhilfe, Opferhilfe und Prävention tätig ist. Im Seehaus Leonberg und im Seehaus Leipzig betreiben wir Strafvollzug in freien Formen als Alternative zum geschlossenen und offenen Strafvollzug für straffällig gewordene Jugendliche und junge Männer. Daneben sind in den vergangenen Jahren einige weitere Arbeitsbereiche entstanden, die hier vorgestellt werden.

In allen Bereichen handeln wir nach den Prinzipien von *Restorative Justice*. Das bedeutet, dass wir die Bedürfnisse der Geschädigten und die Wiedergutmachung in den Mittelpunkt stellen und die Verantwortungsübernahme der Täter betonen. Dafür hat es sich als besonders hilfreich erweisen, wenn alle Betroffenen – Geschädigte, Täter und Vertreter der Gesellschaft – zusammenkommen, um ihre Bedürfnisse und Verantwortlichkeiten zu benennen und anzugehen. Das Ziel ist eine Lösung, die Heilung, Verantwortungsübernahme und Wiedereingliederung bringt und künftigen Schaden verhindert.

Wir finanzieren uns über Zuschüsse sowie Geld- und Sachspenden. Neben unseren hauptamtlichen Mitarbeitern bringen sich FSJler, BFDler, Praktikanten und viele Ehrenamtliche ein.

Straffälligenhilfe

Angebote im geschlossenen Vollzug

Freizeitgruppen

Wir veranstalten seit vielen Jahren Freizeitgruppen in Gefängnissen. Diese Treffen finden in der Regel einmal wöchentlich statt und dauern anderthalb bis drei Stunden. Wir starten mit einem gemeinsamen Impuls und Austausch. Im Anschluss gibt es ein Programm mit Aktivitäten wie Kickern, Tischtennis, Gruppen- und Gesellschaftsspielen, Musik oder Gesprächen über Gott und die Welt.

Wohngruppenvollzugsprojekt

Seit 2021 gibt es in der JVA Adelsheim das Wohngruppenvollzugsprojekt „Connect" – ein Modellprojekt im geschlossenen Strafvollzug, das nach dem Seehaus-Modell arbeitet. Die Mitarbeiter der JVA Adelsheim werden durch zwei unserer Seehaus-Mitarbeiterinnen dabei unterstützt.

Opferempathie-Training

Tätern ist oft nicht bewusst, welche Folgen ihre Straftaten für die Opfer und die Gesellschaft haben. Sie beschäftigen sich mehr mit ihrer eigenen Situation und rechtfertigen ihre Tat. Dass Opfer leiden und mit psychischen Folgen wie Angstzuständen oder Schlaflosigkeit zu kämpfen haben, bedenken sie meist nicht. Das Opferempathie-Training (OET) setzt genau dort an. Bei Gruppentreffen und in Einzelgesprächen wollen wir Straffällige für das Empfinden der Opfer sensibilisieren.

Die Auseinandersetzung damit, was ein Täter anderen Menschen angetan hat, die Entwicklung einer neuen Sichtweise auf die Straftaten und Empathie für die Opfer spielen eine entscheidende Rolle bei der Vermeidung erneuter Straffälligkeit.

Strafvollzug in freien Formen

Prinzip Familie

Bis zu sieben Jugendliche oder junge Männer leben jeweils in einer der Wohngemeinschaften mit Hauseltern und deren Kindern zusammen und erfahren so – oft zum ersten Mal – funktionierendes Familienleben, Liebe und Geborgenheit. Im Seehaus Leonberg gibt es derzeit drei Wohngemeinschaffen, im Seehaus Leipzig zwei.

Positive Gruppenkultur

Die jungen Männer übernehmen Verantwortung füreinander und leiten sich gegenseitig an. Sie lernen, für andere da zu sein und zu helfen.

Erziehungs- und Trainingsprogramm

In einem durchstrukturierten Tagesablauf in der WG, bei der Arbeit und in der Schule werden die jungen Männer konsequent gefordert und gefördert. Von 5:45 bis 22 Uhr sind sie in ein Erziehungsprogramm eingebunden. Sie haben Erfolgserlebnisse und merken, dass es lohnt, sich mit ihren Begabungen einzubringen.

Sport und Freizeit

Die jungen Männer lernen, sinnvoll mit ihrer Freizeit umzugehen. Beim Sport üben sie Fairness und Ausdauer ein. Bei erlebnispädagogischen Aktivitäten kommen sie an ihre Grenzen, reifen in ihrer Persönlichkeit und entwickeln soziale Kompetenzen. Weitere Aktivitäten wie Musik, Theater oder Kunst bieten ihnen die Chance, ihre Talente zu entdecken und zu entfalten.

Vermittlung von Werten und Normen

Unsere Seehaus-Mitarbeiter vermitteln christliche Normen und Werte und leben den christlichen Glauben vor. Auf dieser Grundlage werden Toleranz, Ehrlichkeit, Zuverlässigkeit, Fleiß, gesunder Ehrgeiz, Ordnung, Höflichkeit, Pünktlichkeit, Pflichtbewusstsein, Selbstbeherrschung und Disziplin praktiziert und eingeübt.

Wiedergutmachung

Durch gemeinnützige Arbeiten leisten die jungen Männer symbolischen Ausgleich für den Schaden, den sie der Gesellschaft zugefügt haben. Zugleich werden sie ermutigt, sich als Bürger aktiv in die Zivilgesellschaft einzubringen und sich ehrenamtlich zu engagieren.

Übergangsmanagement und Nachsorge

Wir legen großen Wert darauf, dass die Straftäter nach ihrer Haftzeit möglichst übergangslos weiter begleitet werden. Dabei sehen wir es als große Chance an, den Straftätern ein eigenes

Nachsorgeprogramm anbieten zu können, denn damit können wir eine Kontinuität schaffen, wie sie es bisher in vielen Fällen noch nicht erlebt haben. Außerdem können wir gemeinsam mit dem Gefangenen schon während der Haft einen Entlassplan erarbeiten, der dann mithilfe unserer Nachsorgebetreuung weiter verfolgt werden kann. So kann die vertrauensvolle Beziehung aus der Zeit im Seehaus weiter bestehen bleiben. Ein weiterer Vorteil ist, dass unsere Mitarbeiter wissen, welche Fähigkeiten die „Jungs“ in der Haftzeit erworben haben, und somit helfen können, sie auch in der neuen Umgebung zu stabilisieren und auszubauen. Neben den wöchentlichen Einzelgesprächen gehören die Begleitung bei Ämtergängen, Hinführung zu sinnvoller Freizeitgestaltung, Elternarbeit, Unterstützung bei der Schule/Ausbildung, Schuldenregulierung, das Erlernen des Umgangs mit Finanzen und die Unterstützung in hauswirtschaftlichen Tätigkeiten zu unserem Nachsorgeangebot.

Opferhilfe

Opfer- und Traumaberatung

Beistand – Beratung – Begleitung. Mit diesen drei Worten lässt sich unser Angebot für Kriminalitätsopfer und traumatisierte Menschen zusammenfassen. Mit persönlichen Gesprächen unterstützen wir sie bei der Aufarbeitung traumatischer Erlebnisse. Aktuell bieten wir an mehreren Standorten unsere Opfer- und Traumaberatung an. Unser Wunsch ist es, dass Betroffene und Angehörige zurück in ein normales Leben finden.

Opfer und Täter im Gespräch

Im Rahmen dieses Programms trifft sich eine Gruppe von Opfern und Tätern zu sechs Gesprächsstunden. Zwischen den Beteiligten besteht kein persönlicher Bezug. Die Opfer haben so die Möglichkeit, ihre ganze Leidensgeschichte zu erzählen und die Täter damit zu konfrontieren. Gleichzeitig können sie ihre Fragen an Täter loswerden – eine große Hilfe für ihren Heilungsprozess.

Die Täter machen sich in diesen Gesprächen oft zum ersten Mal bewusst, welche Folgen ihre Straftaten im Leben von Opfern haben. Dadurch entsteht Opferempathie. Etliche der Täter wollen im Anschluss Verantwortung für ihre Straftaten übernehmen, sich bei ihren Opfern entschuldigen und sind somit bereit für einen direkten Täter-Opfer-Ausgleich.

Ambulante Angebote für junge Straffällige

Täter-Opfer-Ausgleich

Im Auftrag der Jugendgerichtshilfe unterstützen wir Geschädigte und Beschuldigte einer Straftat dabei, einen außergerichtlichen Ausgleich zu vereinbaren. Uns ist es wichtig, dass die Betroffenen direkt beteiligt sind und dass auf die Bedürfnisse der Geschädigten geachtet wird. Die Beschuldigten setzen sich dabei mit dem Leid der Opfer auseinander und leisten Wiedergutmachung.

Begleitete gemeinnützige Arbeit

Wir bieten jungen Menschen an mehreren Standorten (z.B. Stuttgart, Ludwigsburg und Calw) an, ihre Sozial- und Arbeitsstunden in Begleitung unserer Mitarbeiter abzuleisten. Begleitete Arbeitsstunden sind eine gute Möglichkeit zur Wiedergutmachung einer Straftat. Zugleich haben die jungen Leute die Chance, über die Ursachen der Straffälligkeit zu sprechen, belastendes aus der Vergangenheit aufzuarbeiten und Zukunftsperspektiven zu entwickeln. Unsere Mitarbeiter unterstützen sie dabei, ihre Persönlichkeit und Sozialkompetenz zu stärken.

Betreuungsweisungen

Die Betreuungsweisung ist eine ambulante auf Einzelfallhilfe ausgerichtete Maßnahme. Sie gilt besonders für straffällig gewordene Jugendliche und Heranwachsende, bei denen eine andere Maßnahme der Jugendhilfe aufgrund ihrer besonderen schwierigen Lebenssituation und ihres Verhaltens nicht ausreichend erscheint. Diese Jugendlichen benötigen aufgrund ihrer Problematik eine intensive und individuelle Einzelbetreuung durch einen Betreuungshelfer über einen längeren Zeitraum hinweg. Die Betreuungsweisung ist eine richterliche Auflage, bei der ein jugendlicher oder junger volljähriger Straftäter für einen bestimmten Zeitraum der Betreuung und Aufsicht eines Betreuungshelfers unterstellt wird.

Anti-Gewalt- und Soziales Kompetenztraining

Das Training richtet sich an Jugendliche und junge Erwachsene, die durch unangemessenes und/oder teilweise aggressives Verhalten z.B. in der Schule oder polizeilich in Erscheinung getreten sind. Die jungen Menschen werden in diesem Training in ihrer Persönlichkeits- und Identitätsentwicklung unterstützt. Wir gehen davon aus, dass bei jedem Menschen alle notwendigen Fähigkeiten und Fertigkeiten zumindest rudimentär vorhanden sind, um eine schwierige Situation adäquat zu lösen. Allerdings kann die persönliche Situation des Einzelnen dazu führen, dass sie nicht oder zumindest teilweise nicht abgerufen werden können. Ziel ist es, die verschütteten Ressourcen der Teilnehmer zu aktivieren und die Jugendlichen zu befähigen, Gewaltsituationen frühzeitig zu erkennen und zu vermeiden oder Konflikte konstruktiv zu lösen.

Verkehrserziehungskurse

Unsere Verkehrserziehungskurse richten sich an Jugendliche und Heranwachsende, die mit Verkehrsdelikten strafrechtlich in Erscheinung getreten sind. Ziel ist es, sich mit folgenden Fragen auseinanderzusetzen: Warum ist es sinnvoll, Verkehrsregeln einzuhalten? Warum brauche ich einen Führerschein? Wie funktionieren das Versicherungsrecht und die zivilrechtliche Haftung? Mögliche (weitere) straf- und öffentlich-rechtliche Folgen von Verstößen (z.B. MPU) werden aufgezeigt und inhaltlich veranschaulicht.

Prävention und Schulung

Prävention / Protactics

Belästigungen, Mobbing, Gewalt und Suchtproblematiken sind Themen, mit denen viele Menschen im Alltag konfrontiert sind. Wir haben Angebote entwickelt, um präventiv tätig zu werden und um zu lernen, sich angemessen zu behaupten. Neben verschiedenen Kursen bieten wir Protactics M.S.E. als Selbstverteidigungstraining für jedermann an. Denn gelungene Gewaltprävention dient allem voran der Verhinderung und Reduzierung von Gewalt. Sie schafft ein soziales Klima der gegenseitigen Achtung, Wertschätzung und Unterstützung. Wirksame Gewaltprävention hilft Kindern und Erwachsenen dabei, die eigenen Bedürfnisse zu äußern und auf das eigene Selbstgefühl, Selbstvertrauen und Selbstwertgefühl zu bauen statt auf körperliche Gewalt als Mittel zur Konfliktlösung. Eine wirksame Gewaltprävention schaut hin, mischt sich ein und ist unbequem für diejenigen, die andere ausgrenzen, demütigen oder wegsehen. Und das alles, ohne dabei die Täter auszugrenzen!

Seehaus Akademie

Mit unseren Schulungs- und Weiterbildungsangeboten in der Seehaus Akademie geben wir unser Know-how und das weiterer Fachleute an Interessierte weiter, die ebenfalls in den Bereichen Straffälligenhilfe, Jugendhilfe, Opferhilfe, Traumaberatung und Prävention tätig sind und neue oder zusätzliche

Ressourcen erwerben möchten. Die Vorträge, Kurse, Seminare, Zertifikatskurse und Fachtage sind sowohl für hauptamtliche und ehrenamtliche Mitarbeiter sowie für Interessierte.

Wald- und Tierkindergarten

In unserem Wald- und Tierkindergarten bieten wir Kindern eine kindgerechte, ganzheitliche Betreuung, Förderung und Erziehung. Neben dem Spielen im Wald, dem gemeinsamen Vespern, dem Singen von Liedern und dem Austoben bei jedem Wetter im Freien helfen die Kinder mit, den Garten und die Tiere auf dem Seehausgelände zu versorgen.

Seehaus e.V. ist ein gemeinnütziger Verein. Wir freuen uns über Ihre Unterstützung. Weitere Informationen finden Sie unter https://seehaus-ev.de.

Der Verlag weist ausdrücklich darauf hin, dass im Text enthaltene externe Links vom Verlag nur bis zum Zeitpunkt der Buchveröffentlichung eingesehen werden konnten. Auf spätere Veränderungen hat der Verlag keinerlei Einfluss. Eine Haftung des Verlags ist daher ausgeschlossen.

Die Kapitel 1, 3, 4, 5, 7, 9, 13, 14, 16, 18 wurden von Christoph Zehendner geschrieben. Die Kapitel 2, 6, 8, 10, 11, 12, 15, 17, 19, 20 wurden von Susanne Ospelkaus geschrieben.

MIX
Papier | Fördert gute Waldnutzung
FSC® C014496
FSC www.fsc.org

Die zitierte Bibelstelle auf Seite 164 (1. Joh 4,19) ist entnommen aus:
Hoffnung für alle®

Hrsg. von fontis – Brunnen Basel.

Das Zitat auf Seite 81 wurde entnommen aus:
Eva Mozes Kor, Lisa Rojany Buccieri: Ich habe den Todesengel überlebt. Eine Auschwitz-Zeitzeugin erzählt. München: cbj 2022, S. 191.

1. Auflage 2023
Bestell-Nr. 835382
ISBN 978-3-86334-382-8

Umschlaggestaltung: Mareike Schaaf

Umschlagfoto: Perfect Angle Images / Shutterstock
Lektorat: Dorothea Gösele, Sarah Koller
Satz: Uhl+Massopust, Aalen
Druck und Verarbeitung: GGP Media GmbH, Pößneck
Printed in Germany

www.adeo-verlag.de